U0104370
9789575470869

文史哲學集成

唐瑞裕著

清代吏治探微

文史哲出版社印行

國立中央圖書館出版品預行編目資料

清代吏治探微 / 唐瑞裕著. -- 初版. -- 臺北市 : 文史哲, 民80
面 ; 公分. -- (文史哲學集成 ; 245)
ISBN 957-547-086-9(平裝)

1. 官箴 - 中國 - 清(1644-1912)

573.427 80004279

文史哲學集成 (245)

清代吏治探微

著者：唐瑞裕
出版者：文史哲出版社
登記證字號：行政院新聞局局版臺業字〇七五五號
發行所：文史哲出版社
台北市羅斯福路一段七十二巷四號
郵撥〇五一二八八一二彭正雄帳戶
電話：三五一一〇二八
印刷者：文史哲出版社

實價新台幣三四〇元

中華民國八十年十一月初版

版權所有・翻印必究

ISBN 957-547-086-9

序

國立故宮博物院運臺文物，其中清代文獻檔案凡二百〇四大箱，自量而言，雖非甚豐，然論其件冊，仍逾卅八萬，言其內容，達百數十種類。運臺之初，因工作人員甚少，庋置箱中，重在保存。遷抵臺北外雙溪現址後，爲使此批資料能供學者利用研究，於民國五十七年九月修改組織法，成立圖書文獻處，下設文獻股，專司清代檔案之整理編目。初於五十八年十二月出版「故宮文獻」季刊，除刊載清史論著外，並分期選印檔案原件。繼輯印年羹堯、袁世凱奏摺專集及舊滿洲專檔。續於六十二年獲美國學術團體聯合會（ACLS）之資助，十多年來，先後輯印光緒、康熙、雍正、乾隆四朝宮中檔硃批奏摺，凡百餘巨冊。而所藏文獻如宮中檔、軍機處檔、史館檔等檔冊均經登錄編目，或製作摘由卡片，且於七十一年出版清代文獻檔案總目，以供各界參考借閱。因本院清代文獻之公開，遂爲自由地區研究清史之淵藪，海外清史學者專家趨之若鶩，國內外學子因研究院藏文獻而獲碩博士學位者，不知凡幾。於今敷教上庠者，若耶魯大學之白彬菊 Beatrice S. Bartlett 賓州大學之韓書瑞 Susan Naquin 其較著者也。

唐君瑞裕畢業於國立師範大學歷史系，圖書文獻處成立之翌年，進入文獻股服務，職司整理編目及典守，勤敏任事。本院歷年輯印之諸檔，皆預其事而有力焉。唐君文筆流暢，敍事簡扼，於檔案之擿由，雖僅十數字，能道其要。整編檔案之餘，時有心得，參考史著，敷而爲文，迭發表於各學術刊物。頃輯得有關清代吏治之論著十二篇，欲出版專集，索序於余。竊思昔在北平時代，因整理檔案，不乏成就者，若簡又文以研究太平天國史事，卓然名家，余於唐君實深寄厚望焉，故樂序其耑。

中華民國八十年七月孝感**昌彼得**瑞卿氏謹序

自序

自民國五十八年進入國立故宮博物院圖書文獻處服務，迄今已逾二十餘年，除克盡文獻檔案保管之責外，更在各級長官及學長同仁們指導鼓勵下從事清代文獻檔案與清史的研究探討。歷年來發表清史論文計十二篇，性質雖不盡相同，但均有關清代吏治官箴的探討，彙集成「清代吏治探微」一書出版。

清代政治，乾隆朝是由盛而衰的轉淚點，乾隆帝即位之初，寬嚴互濟，明罰飭法，無法假借，然官吏苞苴請託之習未嘗不行於隱微之中；但自乾隆四十二、三年之後，和珅專寵用事，而此風益長。於是疆吏侵呑刻削，聚斂行賄，皆恃和珅爲奥援，雖大獄頻興，貪玩伏法，而其自若，皆和珅一人啓之也。爲此朝綱日壞，而吏治日濁，形成內有聚歛之臣，外有負黷之吏，相爲因果，國家至亂之像即肇於此。乾隆晚年，疆吏貪黷固多，而身雖不任封圻，侵漁尤復更烈。嘉道以下，欲振乏力，國勢日衰，遂至不可收拾。爲探究清代吏治的眞像，因就清代商船陋規侵呑，學政婪索，虧空邊防，奸人妄控，科舉代倩，冒賑貪黷，巡幸耗費公帑等各方面吏治弊端加以探討深研，撰成論文。另外撰寫有關檔案、文書等方面介紹文章六篇附錄於後。由於這些論文所憑藉者均爲故宮博物院所珍藏的文獻檔案，都是第一手原始史料，且多爲前人所未用者，堪供治清史者採擷參考之用。由於個人學識疏淺，這些論文裏一定有不少錯誤、深希方家不吝指教。

民國八十年十一月唐瑞裕於臺北外雙溪國立故宮博物院

清代吏治探微　目　次

附　錄

乾隆廿九年廈門商船陋規案的探討

前言

海港是貨物的呑吐口，也是船舶的聚散處。清廷爲了防衛海港的安全，禁止商船夾帶違禁物品，處理貨物的課稅問題，便設立關務以負稽查。但往往法立而弊生，官署遂以船戶洋行爲勒取陋規銀圓的對象。乾隆廿九年（西元一七六四）一月福建廈門暴發了一宗轟動中外的大陋規案，由於這陋規案牽涉廣泛，上自閩浙總督福建巡撫，下至道府州縣，人人收受陋規，命派商販墊買貨物常不發價。緣起於福建水師提督一等海澄公黃仕簡（註一）的密參奏摺，揭發陋規案的內幕。清高宗爲之震怒，即派刑部尙書舒赫德和署吏部侍郞裘曰修往閩調查。經過七個月的審訊質對，陋規案才告終結。經由本案的探討，使我們瞭解清代乾隆朝港口商埠文武衙門朋分陋規銀兩，罔顧國憲貪黷公行的一般。

陋規案的緣起

乾隆廿八年（西元一七六三）十一月二十五日黃仕簡將廣東提督印務移交給吳必達，然後回閩。

十二月一日抵達廈門地方，再從楊瑞的手中接過福建水師提督的印信，立即任事。經其留心觀察，發現廈門地方進出各國船隻，文武衙門有勒取花邊銀兩情形嚴重，遂於乾隆廿九年一月廿四日密奏福建廈門陋規銀兩事（註二），內容大略如後：

「奏爲密奏陋規銀兩仰祈睿鑒以除弊竇事。竊照廈門地方爲閩省海口之門戶，商船雲集之奧區，四通八達，周流中外。無論內地之商賈到處往來貿易；即外國之夷民亦復出入經營，所有進出口岸在在均關緊要。惟恐匪徒出沒滋生事端，更恐夾帶禁物透漏課稅，故設立關部稽查同知察核，併令武職輪派遊擊守備千把按月巡邏，扼守防範之道已極愼重嚴密，詎料法立弊生，竟有相沿索取陋規之事。」經黃仕簡留心察訪才知道進出港口各船隻，不論走內地或外洋均須按各目的地不同以定勒取銀數的多寡。「勒取花邊銀一千五百圓至一千圓，併五百以至二百及數圓不等。統計每年約取規銀十餘萬圓，均係文武衙門朋分收受：如總督每年一萬圓、巡撫八千圓、將軍六千圓、興泉道一萬圓又另單七千圓、海防同知三萬三千圓又另單六千圓、關部一萬七千圓、泉州府二千圓、同安縣三千六百圓、南安縣一千圓。又臣標中軍參將衙門每年約有九千圓，內繳提督銀四千五百圓。又大擔汛九千五百圓，內繳提督三千八百圓。又廈港汛三千圓，內繳提督銀一千二百圓餘係中軍等衙門分用。又總督房、巡撫房、布政司房亦各有陋規銀兩多寡不等。已據臣標中軍參將溫泰陸續開明細數清單呈送到臣。……此項陋規已屬確鑿無疑。……」隨摺附繳了溫泰開的規銀總撒數目及繳銀原單八件做爲證據。黃仕簡特別懇請乾隆皇帝將他的密摺留中，並「特降諭旨簡派大員星馳赴閩徹底清查，庶相沿弊竇得以永除，而邊海吏治亦可以肅清……。」由於黃仕簡的忠心耿耿、勇於首告，乾隆皇帝在他的摺子上硃批「嘉悅覽之，汝可謂知恩，朕亦可謂知人。」（註三）乾隆帝在接到黃仕簡密摺並沒有馬上採取行動，直到乾隆廿九年三月初三日（甲寅）的實錄才記載了黃仕簡上奏廈門關勒取番銀陋規，請簡派大員赴閩清查並得旨的紀錄。（註四）而於次日（乙卯）才有了行動：「諭現命尚書舒赫德、侍郎裘曰修馳驛會同前往福建省查辦事件，所有隨帶司員並著馳驛。」自黃仕簡廿九年一月廿四日具摺上奏到同年三月初三日相去三十八日。但舉廿九年三月二十三日京城所發廷寄諭旨爲例，於廿九年四月十五日以前到福建福州。（註五）計需廿二日。而以福州上奏抵京城的時日來說：四月十五日舒赫德裘曰修奏聞奉命查辦廈門陋規大概情形。（註六）於廿九年四月廿七日（戊申）實錄上記載了舒赫德裘曰修查辦廈門船行陋規，奏請將譚尚忠、劉增等革審等話。（註七）計需十二日。經上述兩個例子可知黃仕簡的這一密摺是早已經到了宮中，乾隆皇帝遲遲不發下，其中必有原因：是斟酌這個案子值得清查嗎？漢軍鑲黃旗人楊廷璋，會被明代降臣後裔黃仕簡所控倒嗎？或是想大事化小，小事化無爲楊廷璋脫罪哩？但終因陋規案有關全國政府官員的官箴不得不發下諭旨吧！

陋規案的承審經過

刑部尚書舒赫德及遠在江西查勘水利事宜的署吏部侍郎裘曰修接到三月初四日赴閩查辦陋規案的諭旨後，分別束裝就道。初四日乾隆帝分別頒旨給前任閩浙總督楊應琚及前任福州將軍福增格，就向來閩省陋規情形要他們據實速行覆奏，並用寬慰的說詞套他們說出實情來：「……此係向行陋規，即現任朕亦不欲深究，但欲知其詳耳……」（註八）陝甘總督楊應琚接到廷寄上諭後，於三月十二日覆奏：「……伏查福建閩海關向係將軍衙門兼管，各處要津隘口俱由將軍派妥旗員駐守巡查。該關每年有無勒取各船銀錢暨別衙門有無朋分收受，臣在閩年餘並無訪問（楊應琚任閩浙總督自二十二年七月十七日至二十四年三月十二日），至臣衙門實無其事。……臣不敢稍存瞻顧據實覆奏。」（註九）至於前任福州將軍福增格的覆奏可在三月廿三日（甲戌）實錄見到：「今福增格奏到則稱進出口船隻，向有汛地兵役巡哨人等掛號紙筆飯錢各費，尚有相沿未盡之陋規，此外並無抑勒侵分之事等語……。」（註一〇）乾隆皇帝從楊應琚、福增格二人身上得不到一點信息。只待舒赫德、裘曰修二人的欽差查訪了。

舒赫德、裘曰修三月十八日在邵伯鎮相遇，二十三日抵浙江杭州，隨即起程赴閩。在這裡他們遇到了上京陛見的閩浙總督楊廷璋，但因皇帝曾下旨不必向楊廷璋宣露，故未加詢問。楊廷璋是乾隆廿四年四月授閩浙總督，廿八年十月加太子太保銜。廿九年正月初三日接准吏部咨開欽奉上諭楊廷璋者補授大學士（體仁閣大學士）仍留浙閩總督之任。他隨即上奏恭請陛見，得旨：「准卿來，亦便赴閣到任也。」（註一一）他是於三月初二日自閩起程，十七日已抵浙省，十八日由陸路前往海寧，三月廿五日在杭州將閩浙總督的印務移交浙江巡撫熊學鵬暫署，並即北上。

舒赫德裘曰修四月初六日行抵福州，他們顧慮到有關陋規案所需查檢的底賬及經辦的人員都在厦門，同時怕底賬被銷毀滅跡及有關人員彼此串供，因此不考慮將案犯提赴省城辦理。遂先令郎中書魯連夜趕赴厦門密查並派令原係刑部司員新任福建糧驛道孫孝愉前往偕同辦理。同時，舒赫德裘曰修在福州省城面詢福建巡撫定長及福州將軍明福有關陋規案的事，他們的回答是：「……據稱風聞厦門向有陋規，數目多寡不得深知，至於伊等並無借端收受亦未相沿接收。」（註一二）問及向來督撫衙門有無令厦門同知辦買用物時，他們只答以：「每年督撫兩衙門，各辦燕窩或買呢羽等物，亦俱係照發官價，每年多不過五六百金。將軍衙門係屬自辦並非厦門同知經手……」（註一三）見於黃仕簡告發清單中貼辦呢羽燕窩等名目有了端倪，舒赫德裘曰修便帶同員外郎吳壇，準備到泉州就近查辦。到了興化，遇書魯孫孝愉他們，他們已起獲了厦門洋船出入貼辦各費底賬並將經手書辦洪純及洋行行戶李錦等六人押帶前來。這就開始了陋規案初步審訊。

首先要了解底賬的內容即陋規案的證據，節略如后：（註一四）

「……臣等查閱底賬內開二十六年十月內議定，厦門出入洋船。以往來噶喇吧馬辰者為大船，每隻出口入口俱貼銀六百兩。往網加薩等處為中船，每隻出口入口俱貼銀五百兩。往把揀老戈為小船每隻出入口俱貼銀二百兩。其餘各項洋船俱酌中作為次中船，每隻出口入口俱貼銀四百兩。每年往來洋船在四十隻內外，共銀三萬餘兩。內為督撫辦燕窩呢羽銀每年四千圓，又辦廣貨銀每年四千圓。厦門同知每月銀六百圓，同安縣每月銀三百圓，與泉道辦船廠銀每年七千圓，關部辦燕窩銀每年六千圓。水師中軍，大擔汛、厦港汛共銀四千五百圓，通共三萬六千餘圓。」

㈠詢問洪純、李錦等人，他們供詞如后：（註一五）

「……廈門洋船陋規不知始自何時，原係爲廈門同知等添買燕窩羽呢并興泉道衙門船廠桅木等項之費。向來洋廣各項貨物價値尚賤，各商販又俱係本地民人爲本地官長辦買貨物，原不敢希圖趨利，是以皆照原買成本合算價銀。其中即稍有賠墊爲數無多，俱係各商販自行墊辦並未定有成數。近年物價稍昂，而二十四、五等年廈門洋行連遭回祿，出洋船隻比前較少，各商墊賠較多且船隻大小不同一例，墊辦亦未適均。廿六年十月內洋商李錦等六家公司酌議各按船隻大小出洋地方分別酌定銀數。每年共三萬餘圓，貼辦置買各衙門貨物之費，商令廈門同知衙門書辦洪純回明前任同知陞任漳州府知府劉增，劉增答以此事我不管，聽你們辦去。洪純告知各商，遂公同照議，按數出銀，即今底賬內所開之數目也。其辦買燕窩方法：分總督巡撫兩種，總督衙門燕窩一斤發銀四兩四錢；巡撫衙門官價每斤發銀三兩三錢。呢羽等項各衙門官價全都只發十分之三，不夠的都在各商販貼出陋規內墊支。這些都是由同知衙門承辦的。據經手前任同知劉增任內墊支銀兩的洪純供稱每年交劉增家人私用銀一千二百圓，代劉增交納官租銀二千餘兩，買物添用也支了些銀兩。現任同知程霖於四個月任期內，經他家人馮姓（馮天祥）共收去銀二千六百四十圓並欠行戶貨價一千五百圓。興泉道譚尚忠署印同知兩個月任期內，將應得陋規銀一千二百圓交存船廠，其經手人是書辦武烈。武員衙門的陋規銀項係各洋行自行交關防部。除爲將軍貼辦燕窩外，其餘都是由管關家人書役經手取去。同安縣每月由該縣差書辦收去三百銀圓。陋規銀兩除洋船之外尚有淡水杉板等項船隻，土人謂之鄉船，由同知衙門每月兩班輪派書役經管，所收銀兩按官五役三分用，旋收旋分並未存有賬目。關部及武職各衙門亦均享有陋規，洋船行並不經管。」經質問同安縣李逢年，他證實該縣衙門每月實收洋行銀三百圓，係交書吏辦公之用，伊並未經手，並供認廈門同知每月亦收受洋行銀六百圓。」經過這樣初訊之後，認定道府廳縣各衙門分受陋規之處都確實有據，爲了進一步逐細確查，便請旨將所有案內應訊的興泉道譚尚忠，前任廈門同知現任漳州府知府劉增、同安縣知縣李逢年等一面請旨革職，一面要孫孝愉署理興泉道並兼攝廈門同知，而漳州府知府一缺由汀漳道楊景素暫行署理。革員譚尚忠、程霖、李逢年等任所的貲財則密令孫孝愉嚴加防範而淡水等鄉船陋規銀兩也要他就便確查。劉增任所的貲財也要楊景素經手防範。現任廈門同知程霖，經過總督楊廷璋保舉堪勝知府，現已隨同楊廷璋進京引見，尚未出京，故舒赫德裒曰修便請旨由刑部就近審訊辦理。本來欽差大員打算在興化查辦此案，但因陋規案的物證人證都已齊全，便回省城（福州）審辦此案。

㈡福建巡撫定長之解任，並由裒曰修暫署

原來舒赫德因爲陋規案在京恭請聖訓時，曾面奉諭旨：「此案若係現任督撫起意濫索入己，自應從重治罪；若有相沿陋規徑行接受等情節亦應辦理，可即將定長解任，其巡撫印務傳旨著裒曰修暫行署理。」（註一六）雖然現在所查情形並非督撫起意濫索，但這項陋規從廿六年冬季起至廿九年也有二年多，而屬員代督撫購買物件及屬員自行濫用陋規銀圓也多至數萬，督撫平日未能覺察而他們保舉的劉增程霖所收受陋規也達幾千幾萬，基於這樣的考慮，舒赫德等便認爲督撫也應治罪，而此案的探

訪詳細究竟，都當自縣廳府道等官逐層根究。如仍讓定長居位巡撫，則各該員未免瞻恤，得不到實情。因案革職員缺數處，派員委署委查也怕有所掣肘。所以舒赫德於四月十五日傳旨令定長解任而由裘曰修暫署巡撫印務。十八日定長即於省城將巡撫的印信移送裘曰修，裘曰修當晚便接印視事。舒赫德將這項安排奏知乾隆皇帝，但並似不樂意，乾隆在摺子批曰「覽，略覺欲速矣，另有旨諭。」（註一七）

㈢審訊劉增、譚尚忠、懷蔭布等

四月十八日舒赫德裘曰修自興化回到省城福州，便進行審訊原先飭提到的劉增（參革前任厦門同知漳州知府），及譚尚忠（參革前興泉永道兼署厦門同知），結果在舒赫德裘曰修四月廿日上的奏摺內記載詳實：（註一八）

劉增供稱：「我係鑲紅旗漢軍，由舉人歷任江南福建知縣，陞任福州同知。乾隆廿三年八月內調補厦門同知。厦門係屬海口，洋船商民出入雲集，向來同知衙門爲督撫買辦燕窩呢羽等物及本衙自買各項貨物俱定有官價，燕窩一斤總督官價銀四兩四錢，巡撫官價銀三兩三錢。呢羽各按顏色上下分別每尺三、四、五錢不等，歷年俱係按照官價發給洋船行戶辦買。近年物價漸昂，該行戶原有賠累，但俱係伊等領銀自行辦買，同知衙門並不問其墊賠多寡。……記得同知衙門每月是番銀六百圓。彼時我因此項原係陋規只好聽他們自辦，地方官不便經手，隨說此事我不管聽你們自己辦去。故此我本任內並未將此項銀兩收受入署。買辦物件俱係洪純經手，他都有賬目可查。其中我自己用過的陋規止有二十七八兩年，本衙門應徵地租每年銀一千九百六十銀兩，因奏銷花戶不能依限交納，曾叫洪純在陋規內動用銀三千九百銀兩，這實是我糊塗得受陋規的罪沒有什麼說處。此外各行戶所貼銀兩，每年辦買燕窩呢羽是各衙門都有的，多寡不等，我實在不記得數目。惟楊總督於常辦燕窩等項之外曾叫我買過人參珊瑚珍珠等物。我所開價值俱有不足，領回價銀俱交給洪純。其不敷之數俱係洪純將陋規銀兩貼補的，另開清單呈閱。如今底賬俱在，我何敢絲毫隱瞞。至現任巡撫及前任各督撫只曾買過燕窩呢羽並未買過別項貨物。」再據譚尚忠供稱：「……伊曾為楊廷璋買過珍珠人並朝珠如意等物，所開亦非實價，果如底賬。書辦洪純供稱懷蔭布及程霖，在任內除照常辦買燕窩等物及按月自收陋規銀兩之外亦曾置買珍珠人自鳴鐘等物。李逢年（同安知縣）供伊每月所得銀三百圓並未為上司辦買貨物。

到了四月廿三日，飭提懷蔭布到省，經審訊供稱：「我係正黃旗滿洲，由進士歷任直隸知縣、知州。於乾隆廿一年陞授福建泉州府知府，廿八年六月委署廈門同知，十月初一卸事，共在任四個月。未到廈門之前因公在省，楊總督當面叫我差人赴廣代辦洋錦羽縐，當下發了四百兩銀子。我遂使家人赴廣，用銀一千六百五十圓買了五十疋洋錦、廿五套羽縐。彼時總督公出浙江，我差人至浙將洋錦羽縐送交並未開價，總督又發了二百兩銀子，這是四月裏的事。及我到了廈門同知任，總督又叫人送了五百兩銀子到了廈門叫我代買珍珠背雲陸角等物。那時我因廣東洋錦等賬尚有尾欠未清現又需辦別物，遂令洪純在洋行陋規內取出銀二千圓，又差人赴廣辦買了珍珠背雲大珠一顆、鑲背雲小珠四顆、大珠墜角一顆、小珠墜角三顆共銀一千四百圓。珠麻姑一個一千一百圓，洋表一對三百圓。連前買洋錦羽縐用過銀一千六百五十圓，通共用銀四千四百五十圓。除領過總督庫紋銀一千一百兩作番銀一千六百五十圓，實墊用二千八百圓。再我在同知任內因修葺文廟用過洋行銀一千圓，修誌書用過銀四百圓、修育嬰堂用過銀一百二十圓。這都是我用過的陋規不敢隱瞞。至此外交洋行買辦貨物，如今出入數我也記不清楚，只求將他們底賬查對，若有發價不足之處便是我自己用的。我身爲知府用洋行陋規代上司辦買貨物，地方公事未能自己捐廉，又將陋規應用這都是我的罪，還有何辯處。再我還爲總督代買珊瑚帽一個並未開價，值若干我記不清了。洋灰鼠是我自己用的等語。」（註二〇）

經訊得供後，舒赫德等認爲這項陋規開始的時候雖然出自行戶自願貼辦，以致陋例相沿，至今地方官公然濫受多金，而大吏們且於照發賤價辦買燕窩呢羽之外，更令得受陋規之屬員代購別項貨物，發價不過十分之二、三，誠非始料所及。因此他們奏請將懷蔭布、劉增、譚尚忠、程霖、李逢年等五人革職質審外，所有各任所貲財自應查辦，並密委道府等官分赴各該處詳細嚴查勿致陰寄，並造册詳報，以便稽查。

由於陋規案索涉廣泛，革職閩省所屬道府計有興泉道譚尚忠，漳州府劉增，泉州府懷蔭布三員，而邵武府，福寧府丁憂出缺，新任知府皆未到任，興化府伊蘭泰又甫經丁憂，閩省知府共計十員，現已缺五。裘曰修感到遴員署理已感困難，而兼署人員復各有本任之事，而興泉道、漳州、泉州、興化三府地處海濱，又正當釐剔之際所關甚感重要，因此上奏請旨勅部揀選八員速行來閩用供差委。（註一九）對應訊餘的人更要加意防範密行辦理勿涉張皇，至於各營弁微員及吏役人等人數頗衆，而相沿飯食等費數目微細者，也希望勿事探求，這正合乾隆皇帝的心意，「甚是不可張大株連」。（註二一）

陋規案經舒赫德裘曰修初步處理，乾隆皇帝於廿九年四月戊申（廿七日）發下諭旨，節略如后（註二二）：

「……請將譚尚忠、劉增等革審等語，該道府等既有收受陋規之事自應如此辦理；但黃仕簡原奏俱憑參將溫泰開單送款。其所開總督一萬，巡撫八千各數，伊究何確據。溫泰果能指出何人交送？何人收受？鑿鑿可證，朕亦斷不肯為該督撫等稍存廻護。倘事涉影響而溫泰並不能逐一指出，係該弁摭拾誣揑即屬此案罪魁，自當徹底查辦方為喫緊竅要。至此外府廳各衙門相沿陋規原屬易於辦理，全未識輕重之宜矣。……至另摺所稱知府劉增等俱係該督撫保舉之人輒於查訊時節傳旨令定長解任，裘曰修暫署撫篆一事未免欲速。前曾面諭舒赫德到閩查辦此案，若該督撫等果如黃仕簡所奏濫索入己則其罪自不容輕貸，應令定長解任質訊。今摺內所奏情節並無接收確據，定長等即有應得處分不過失察及保舉非人，尚不至革職，且現在案情並無必需該撫質訊之處，何必遽令解任耶。……著傳諭舒赫德等就案悉心分別妥辦，毋事張皇急遽轉致畸重畸輕。所有軍機大臣查訊同知程霖等各供詞並著一併寄去，可將此諭令知之。」第二天四月辛亥（三十日）對於查訊道府廳員供有與總督楊廷璋墊買物件銀四千銀兩一摺，乾隆帝降諭旨道：「……此項並非黃仕簡前奏溫泰所開總督一萬，巡撫八千之本文，係屬案外支節，但既經訊出自不應置之不問。……而現在墊買之項特係府廳以陋規為墊辦，在該督原有應得之咎，朕亦不能為之廻護。即審擬之大臣亦安得謂之吹求，況督撫等在地方買辦物件其勢即不能不需人代購，第以上司而派委屬員即已自干不合，況價值更有賠墊，情事既確安得復貸其處分；然其獲譴之重輕究以原參收受本款是實是虛爲之關鍵。舒赫德等不將此處詳明剖悉。設使屬員等轉將自行侵蝕之貲，希圖開入添辦之內於理殊未清晰。……」至於定長解任一事乾隆皇帝再降下諭旨道：「……至摺內定長並無墊買之事，於理更不應解任。此時正當交還印信令其照常任事。若此旨未到之前已訊出八千圓果有染指，自當令其去官，於事體方爲合宜。」（註二三）並叮嚀舒赫德他們：「……朕所慮者閩省濱海之區，民俗刁悍，現在劣員奸吏已因關務釀出督撫重案，欽差大員正宜靜鎭妥辦不得稍涉張皇別滋株累……。」五月一日再下諭旨對於喫緊要件有所指示……「兩奏到查訊厦門陋規一事並不將黃仕簡原奏所開總督一萬巡撫八千及各衙門實在有無收受本分質訊具奏，所辦未識領要。疊經傳旨訓諭舒赫德等奉差赴粤閩，如係朕特欲體訪楊廷璋平日事跡，伊等不拘何款自當隨訪隨奏。今此案特差舒赫德等前往者乃緣黃仕簡據溫泰送款摺參，其喫緊關鍵乃在督撫等收受陋規虛實爲讞案本文。如一萬八千之項，實係染指則舒赫德之令定長解任固當，而朕亦必明降旨將伊等從重治罪；如此項收受原屬子虛但查出道府廳員等以所得陋規爲該督墊買物料情事，則楊廷璋亦自有難辭之咎然其獲罪自與公然收受陋規肥橐累萬不同，而定長則不過失察之小咎，蓋爲無罪之人矣。……況閩省沿海地方風俗自來刁健，黃仕簡以原籍之人爲本省提督。又聞與馬龍圖爲兒女姻親。今奏牘事實尚未審明而一二欽差立將封疆大臣一時令其解任。無知之人將必以該督劾奏馬龍圖而黃仕簡即搆釁爲之報復，其於政治人心所關既重，況督撫之進退不務得其實款，國體又安在乎？……」而對黃仕簡的首告，乾隆的看法是：「雖黃仕簡所奏得之溫泰，設一萬八千之數審屬無憑，溫泰固其罪魁而黃仕簡以不察端委，樂爲藉詞入告亦有應得之愆，然朕斷不肯加罪先發之人以折天下敢言之氣。」又再重申追究一萬八千之數云：「恐舒赫德等舍本逐末如從之奏覆，朕仍難降諭旨。此當問其一萬八千之數爲虛爲實；若虛矣則黃仕簡所奏爲不實，然道府同知得受陋規其中又爲該督賠累者即當據實參奏，候朕降旨可也。若此旨未到之前仍然以別生枝節入告，則惟封俟遵此旨所辦摺到然後降旨不瑣瑣更降旨矣，此旨仍速回奏。」

至於武職陋規一項，舒赫德裘曰修於廿九年五月十二日上奏曰（註二四）：「……其武職陋規一項查閱洋行底賬所開各衙門陋規三萬六千餘圓數，內有武職汛口四千五百圓一條。又查得各項鄉船亦俱有武職營汛陋規多寡不等。訊其交受原委，則係積久相沿，按照船隻大小出入數目各營汛分別接收……廿六年十月後始有成規，第核其沿收情節則惟中軍參將衙門係本任之員自行經手而大擔及廈港等汛口則係閩標將弁按月輪流更換，年歲即久人數衆多，其中病故者不能悉數，每人所得又無册簿細數可稽，且查廿六年以前之提督馬龍圖、馬大用、李有用、林君陞、倪鴻範、張天俊以及溫泰以前之參將姚應旻等均經身故，是以臣等查辦武員陋規只以中軍參將溫泰一任爲斷。其大擔等汛口各武弁按月輪換並非專員難以查考概不採及。惟中軍衙門收存陋規帳內載有繳過前任丁憂提督甘國寶賞兵公費並動用陋規置買貨物銀數千圓。查賞兵等費尚屬事出因公，而買置貨物竟用此項銀兩則非貼墊著可比。……臣等就近傳訊，俟質對明白得有確情另行具奏或別有影射亦須逐一研究……。」

清高宗屢降諭旨垂詢總督一萬巡撫八千圓之數，舒赫德等欽差遂嚴詢溫泰，才知道是奉黃仕簡之命查訪，伊再轉令營書吳有文訪問。而吳有文也是隨便向素識之雜項及各衙門書役打聽得知，隨聞隨

開，原單內總督一萬，巡撫八千之數係屬混開。問題癥結初步獲得解開，其奏報審訊經過如後：（註二五）

「……及將洋行底賬起出，始詢知規定數實始於廿六年冬洋行之私議，然其間多寡與黃仕簡原奏所開懸殊，問之參將溫泰並不能一一指明，據供係奉黃仕簡諭查，伊復轉令營書吳有文。……遂先將廈防同知衙門書辦洪純及洋行船戶李錦等訊問據將底賬中各項買帳墊用及各道廳等取用之處指出，臣等按其年月質問，調到各員則底賬所開一一確鑿。又將代爲上司置買貨物貼墊價值之處供出，並據自認收受陋規屬實。……及提到吳有文將原單數目緣何加倍多開之處嚴行追究。據供溫泰令伊查訪文官陋規，伊意溫泰不過偶然查問，或係提督欲知文員數目以便收受放心，並不知提督要辦，因隨便向素識之雜項人等及各衙門書役打聽，所聞原有不同亦未見過洋行底賬等語。臣等令其與船行人等將單開數目與底賬不符之處逐一質對，始知吳有文係向各處隨問隨開，或開散數，或已開總數又將散數添入幷將向來聽聞舊話如土生男女關部等名色皆現今所無，一併開寫，是以其數倍增。不獨原單內總督一萬，巡撫八千之數係屬混開即洋行底簿內所開督撫名下共有八千之數亦係船行議出，此項名目以爲自己墊辦物價之需，並非督撫等實有所收受也。」至於舒赫德袞曰修對於屬員爲上司墊價購物並未將實價開呈，而在洋行陋規項下挪墊一事，顯有同情總督巡撫之嫌，他們在同一摺上說：「臣等伏思，在上司令屬員代爲置貨固屬違例，而屬員以此逢迎上司並不將實價開呈，上司亦無由得知，且屬員爲上司代置貨物取之洋行，視爲習慣。洋行又自將賠墊之數註於簿中，究之洋貨等物並無定價。洋行雖係墊價買物之人而所開之數，亦難必其是否確實。……今楊廷璋除買燕窩呢羽外，譚尚忠、劉增所爲代買物件據開墊價四千銀兩。又續據懷陰布單開墊價二千餘兩。定長則只有發買燕窩呢羽並無他項物件。……臣等研詢各參員均堅供該督撫實不知情。則是原奏所指總督衙門一萬，巡撫衙門八千之數已屬子虛……。」並請旨將楊廷璋，定長交部議處。黃仕簡不察虛實率臆具奏也請一併交部議處。而參將溫泰等到訊明陋規案質訊部份後另行定議。其他各參革道府等員因都是親收陋規，應該計贓論罪，也等到程霖解到應訊後，再由舒赫德等定擬具奏。

五月十一日欽差舒赫德裘曰修，接獲定長照常任事的硃批廷寄後，裘曰修立將福建巡撫印信移交給定長，定長便於次日（十二）具摺奏謝天恩。

㈣楊廷璋的辯白及程霖的應訊

楊廷璋於四月內入京陛見，隨於五月初一日起程回任閩浙總督。五月廿日抵浙省，浙江巡撫熊學鵬便將總督印務交還給楊廷璋，楊廷璋次日自浙起程回閩。楊廷璋回閩，對於舒赫德查出洪純所存底賬內所開他辦買各項物件而少發價款事，他具摺提出答辨，內容如後：

「奏爲瀝血陳情叩恩垂鑒昭雪事……等因業經奴才在京時先將大槩情形奏陳聖鑒。今遵旨兼程南回，途次復再三追憶，伏念奴才需用物件大半皆赴江蘇粵東分頭採辦，其在福建本省買辦之物甚少。查所開各物內如人參，綠松等項本非厦門所有之物，節年並未買過係屬虛開，其燕窩一項歷年買自厦門定價每觔四兩四錢，前任各督臣均照價給買向有成例並非創自奴才，然亦係陸續採買亦無一次即買七八十觔之多。至呢羽等物福建運到者粗鬆不堪遠遜於廣東，是以祇買過一二次。其自鳴鐘僅買過一架係內地船戶帶來，損壞不堪應用遂不復再買。惟珍珠等項聞內地客商船戶有自外洋帶來者，因於屬員晉謁時令其送看，內有堪用者或發銀數百交令代購開價銷算，或當時照數給發；其開價少者仍駁令另開，間有於開價之外加倍給予者，從不敢於開價之內短發絲毫，且實係乘便交給屬員代買，並不知有轉發書役令洋行貼費之事。蓋因需用各物，親身既不能採買，若令家人長隨往購，勢難免招擾滋擾，不得已而託之屬員，實非有所希冀於其間也。今查洪純所開數簿內，如人參、綠松等項係奴才從未發買之物，而竟悉行列入奴才名下，則其中混開之物不少。今無論物之買與未買？簿之是揑是正？價之實與不實？悉坐於奴才一人，將使奸胥墨吏不妨任意勒索侵漁，事敗則造僞挾制誣陷上官以爲脫漏之計，於聖朝政體大有關係。且即據洪純數簿內載私派船戶番銀三萬元以備各衙門買物貼費，今祇查出總督衙門每年四千元而於各文武衙門貼費若干又未查及。始無論貼費之實在有無若干，縱或有之亦必係官吏串通牙行私派船戶銀錢肥己，藉稱貼費以爲卸罪張本。即所開奴才買辦物件除折實並給價外所貼亦祇開有二千元。其自廿六年至今每年所貼之四千元又侵蝕何處？中飽何人？若非徹底根究安能水落石出。查所受陋規至一萬八千元之多，而僅以奸胥無稽數簿內混開奴才等買物貼費各色以實其事。在奴才受其借端誣害固不足惜，而使奸猾胥吏影射作奸侵漁揑混復得彌縫漏網，於吏治民生有礙。若謂奴才身任總督所部屬員胥吏敢於暗地議派陋規串揑分肥，不能早爲覺察查拏昏憒無能原無可置喙；設謂奴才知有此項貼費故爲短價派買物件貪得便宜，奴才雖下愚無恥斷斷不敢出此。奴才愧悔之下捫心自揣所以致此之由，摠由乾隆廿六年先後參奏馬龍圖林洛二人，爲本省大小武員所忌嫉，而馬龍圖之子即係黃仕簡之婿，林洛之子又係馬龍圖之婿。且聞各洋行內又有馬龍圖之姪子在開行數家。姻黨積恨成仇欲得甘心於奴才已非一日。今聞奴才間有交屬買物之事而奸胥洪純又有派索洋行陋規之弊，因而借以發端假公報復。奴才孤踪幾難自保，幸荷我聖主明並日月於刑獄案件，務期愼重精詳歸于平允，俾天下無一冤獄。奴才將處覆盆之下不得不呼籲於君父之前。伏乞聖主諭令舒赫德等再將此案官犯人等逐一提齊悉心研究秉公查審奴才當日所買何物的係何人承辦？發價若干？是否足數？原價所開價値有無短發？其未買之人參等物確係何人開入？並如何私議貼費？每年實有若干？何官何吏作何侵蝕分肥？務得此案正實情節分別從重治罪，俾巧詐無由自逞，鬼蜮難以潛形。倘奴才之所奏有涉虛誣即請皇上重治奴才之罪以爲奉職無狀者戒。……至厦門同知程霖先經領咨，由建河水路進京；奴才係由陸路行走並非隨同奴才進京，人所共知。至保舉堪勝知府係由藩臬兩司會同密稟。奴才與撫臣核其居官才具聯銜保奏有案可稽，訊之程霖即明，更可毋庸置辨……。」楊廷璋回任的同時乾隆皇帝便下旨要舒赫德等就近詳悉核對，該諭見於五月甲戌（廿三）實錄（註二七）：「諭軍機大臣等……楊廷璋在京自云置買物件實屬無幾，並未有如許之多。因令該督回閩自行就近覈對。其是否確係貼辦實數；抑或屬員等混行指開，款證俱在無難立見分明。楊廷璋即可將此項墊價實在多寡之數逐一詳質確實；各該員自無能裝飾，非若一面之詞難成信讞也，著將此諭楊廷璋知之。」六月三日舒赫德等接到楊廷璋的咨文，內中將屬員代他買物，造僞挾制誣陷，反覆陳述，並向舒赫德等提出要求，請再提解各官犯到案，重加質訊務得實在情節。舒赫德裘曰修接到移咨後便傳集藩臬兩司，復行公同研訊譚尚忠、劉增、懷蔭布等，將他們替楊廷璋購物如何收交經過審訊清楚，詳見於六月八日舒赫德裘曰修所上的奏摺內：（註二八）

「……令臣等再提各官犯到案質訊，務得實在情節等語。臣等隨即傳集藩臬兩司，將譚尚忠、劉增、懷蔭布等復行公同研訊，均各堅供如初，並將如何交收之處一一供吐。據譚尚忠供：我從前供代總督買的物件內珊瑚朝珠、蜜蠟朝珠、水晶如意珠、東方朔（人像）四件共銀一千一百四十八圓除發價一百二十四圓實墊用銀一千零二十四圓。東西是我面回交進去的，所墊價值現有洋行出貨簿子可證，不是推卸得的。又珠彌勒一座，因總督起身時沒有做起，直至三月二十日纔同滇玉如意二枝差家人趙二趕送到浙江去，至今未回不知有無收到，當經供明在案，這都是實情。劉增供：我代總督買的物件內大珠一顆重一錢一分，又一顆重一錢，又珠人一個，珠記念一副、大小珠二十顆，蜜蠟朝珠一串係珊瑚佛頭記念，又象形玉帶頭一個、又珊瑚佛頭記念全副共買價銀三千四百四十圓，兩次奉發價銀一千兩，我也沒有再開價銀、總督也沒有再發的。以上各物內除珍珠記念一副，大小珠二十顆是我面繳外，其餘也有長隨車書經手繳送的，也有差弁吳千總到厦門取去的。又有鑲綠瑪瑙時辰表一對價銀三百圓開價四十兩。蜜蠟朝珠二串，珊瑚佛頭記念價銀一百五十圓開價五十兩，伽楠香一塊價銀四百圓開價三十兩，珊瑚帽頂一個價銀四十圓開價十兩，以上也係車書繳送照開價給發的。再人參半斤價值七百圓我開價三百二十兩，此項原奉總督諭買，我買辦後上省時回過送進去的。因預先奉發銀四百兩除買蜜蠟朝珠伽楠外，餘就扣還參價了。又代買八音樂一對價錢六百圓我止開銀六十兩，係照價給發的，因繳送後時刻不準發回帶往廣東，收拾好了送到浙江交繳的。以上所開各物價值現有行賬底簿可憑，我何敢絲毫隱瞞。我動用陋規已屬有罪，如何敢推卸在上司身上呢？所供是實。懷蔭布供：我代總督買過洋錦五十疋，羽緞二十五套共用銀一千六百五十圓，係家人沈福同吳千總送至浙江交繳。又買過眞珠麻姑一個大小珍珠九顆，用銀一千一百圓，墜珠角四顆，珠背雲一個，小珠四顆用價銀一千四百圓，表一對用銀三百圓，俱係稟見時自己面交總督。前後共發過價銀一千一百兩這都是實供。又訊據劉增家人車書供：我係原任漳州府知府劉增之長隨。劉增在廈門同知任內差遣往省或投稟或解呢羽，並上憲投繳物件是常有的事。記得前年差我繳伽楠香一塊，珊瑚佛頭記念一付，帽頭一個，時辰表二個，在福州總督衙門投繳見頭總督。還記得繳過八音奏樂鐘一對，其月日因日久記不得了。又去年三月間差我往浙江投繳珠人一個，玉像帶頭一個交巡捕宋千總轉繳。亦見過總督，隨蒙總督賞飯又賞銀四兩。更有解繳呢羽等物，俱有箱匣封固，也有別物用小匣裝盛搭放箱內；那是稟帖內寫明的我不能知道。懷蔭布家人沈福供：我係直隸宛平縣人，自乾隆十六年跟隨懷蔭布，至廿一年到福建。廿八年總督發交銀四百交採辦洋錦羽毛緞，我家主差我往廣東去置辦。我於正月底到廣東即對機房人面定洋錦五十疋羽毛緞袍褂二十五套，共用過番銀一千六百五十圓，於三月內自廣回泉。因總督在浙江，我家主即差我送往浙江總督衙門。在浦城地方遇見吳千總，說總督叫他來催洋錦。我同他到杭州繳進，係交武巡捕宋千總手。總督傳見又發交二百兩叫我帶回，並諭如若不敷叫你主兒開了價來，並未問起多少價錢買的，又賞飯賞給夫牌一張是實各等情。是日適値程霖解到，亦供出：本年二月爲楊廷璋購貨珍珠墜角二副，珊瑚佛頭記念背雲一副係面交。又珊瑚朝珠一副，珠佛一座係交管門朱姓收進，共用過價銀二千二百一十圓未經開價等語。又洋行承辦燕窩呢羽底賬內開有廿六年十月以後總督共買過燕窩二百五十斤，內已發價者一百八十斤，未發價者七十斤，以總督官價每斤四兩四錢合算尚短發銀三百零八兩。又買過呢羽二次，以官價計算除發過銀兩外尚短發銀三百五十四兩。二共短發六百六十二兩。令前後領價置辦呢羽之劉增、懷蔭布、程霖逐一細對，均稱實係總督未發並非伊等領用。……」

經譚尚忠、劉增、懷蔭布等所供，代楊廷璋買物，除發過價値外共貼墊市平行銀六千五百六十兩，再加上程霖供出貼墊市平行銀一千七百六十八兩尚未給領，另楊廷璋所買燕窩呢羽亦尚短發銀六百六十二兩。總計貼墊市平行銀八千九百九十兩。（註二九）其中因譚尚忠代楊廷璋置買珍珠彌勒佛、滇玉如意二件，墊銀六百三十四圓。所差交送的家人趙二在途患病未能趕上呈送，已將原物帶回。故應於譚尚忠代總督貼墊項下除去銀六百三十四圓，計八折行銀五百零七兩，經扣除後洋行爲楊廷璋代購貨物總計共貼行銀八千四百八十三兩。

同年五月廿三日上諭（註二七）命楊廷璋明白回奏，六月十日交到楊廷璋的手中。六月初八日舒赫德的奏摺原稿相繼也抵他的手中。上下相逼，楊廷璋只有惶悚涕零不能起立的份了：（註二八）

「……奴才奉職無狀已屬罪無可逭，更有萬難自解者，奴才每年有需用之物假手屬員，以致奸胥墨吏得以因緣作奸恣意婪索。……不特奉職無狀實深負聖主簡畀之鴻恩。」而他咨覆舒赫德等無需再

查，他的辨白也告一段落，六月十二日舒赫德的奏摺有清楚的記載：（註三〇）

「……各等情臣等錄供咨覆楊廷璋去後，今據楊廷璋覆稱，所有本閣部堂陸續交參員採買之物，未經存有底賬，一時失記已無庸再爲剖晰。……六月十一日楊廷璋回至閩省，臣等敬將所奉廷寄諭旨，現令該督回閩可就近詳細覈對不難立見分曉之處面行告知。隨將洋行各項底賬全數交與閱看幷以案內人證現皆齊全，令其覈對。據稱回咨內已經聲覆無須再行覈對……。所有該督咨覈臣等及臣等令其會覈並該督面覈無庸重審各緣由……。」總督楊廷璋也只有等待乾隆皇帝的發落了。

廈門同知程霖，當舒赫德裘曰修於四月下旬進行審訊時，他先已進京引見，因此未能質訊。但經由軍機處將程霖在京及返閩途中訊取各供詞先後具奏，也先後寄交給舒赫德等做查訊參考。到了六月初三日由郎中法明押解了程霖及其家人馮天祥到了福建省。舒赫德裘曰修便立即招集了藩臬兩司公同面訊。六月初八日審訊結束，便具摺向乾隆皇帝提出報告，其供詞重點如后：（註三一）

「……據供伊在廈門同知任內得受洋船陋規銀二千六百四十圓，又置買貨物拖欠洋行銀一千餘圓及賒取燕窩八十匣等事均屬實情，其燕窩八十匣係轉買與浙江鹽道張琦得銀七百二十兩。又查出程霖此外尚有向各行戶借銀三千餘圓等款亦據自認屬實，再詰之以從前在京如何堅不承認之處則供稱彼時心慌害怕，且陋規事情不止一件不知那一件是見，當下無人質證就堅供並無其事。今一路仔細尋思一切證據俱在福建焉能再行支飾等語。質訊馮天祥，所供程霖得受陋規情節，亦與程霖所供無異。又據程霖供出尚有代楊廷璋辦買物件未曾發價之事。臣等隨令其據實開單，據單計算銀共二千二百一十圓。

……」經奉乾隆皇帝硃批：「此人尤屬鬼詐可惡，當嚴行定擬。」這是程霖應訊之經過。

陋規案的結束

舒赫德、裘曰修自奉命到閩，查辦厦門陋規案，經過長時間的調查審訊，終於在六月十三日結束，並審擬具奏，即日起程回京。審擬重點如後：（註三二）

「……參革興泉永道譚尚忠……在署同知任內兩月用過洋行陋規銀一千二百圓，又用過鄉船陋規銀三百三十圓，共實用過陋規銀一千五百三十圓又未發洋行物價三百八圓。參革漳州府知府劉增前在厦防同知任內一年零八個月，當廿六年十月洋行自定陋規數目回稟，該員未能飭禁。復收用洋行陋規銀六千圓，又用過鄉船陋規銀四千圓，又置買洋行貨物，洋行將伊應得陋規墊用銀四千一百圓，而劉增家人分用洋行銀二千圓。參革泉州府知府懷蔭布署厦防同知四個月用過洋行陋規二千四百圓，又用過鄉船陋規銀六百圓共三千圓又據供修理育嬰堂及修誌書等項用過洋行銀一千五百餘圓，但無册檔存案例不准銷。參革厦防同知程霖在任四個月收用過洋行陋規銀二千六百四十圓，又用過鄉船陋規銀六百一十圓，又拖欠洋行貨價銀一千五百九十圓，又賒燕窩八十匣價銀五百六十圓，又二次預借洋行陋規一千兩，又一次預借各船行陋規銀三千五百圓。參革同安縣知縣李逢年在任一個月收用洋行陋規銀三千三百圓，雖據供充作書院膏火並修理監獄用去；但未詳立案據亦例不准銷。……現任中軍參將溫泰，任內廿八年十二月以後所收陋規業經繳送現任提督黃仕簡收存。其廿八年十二月以前自收陋規並甘國寶諭存大擔等汎陋規，除甘國寶用去外，溫泰本營共存陋規銀二千八百餘圓，內現存銀三百二十餘圓，溫泰用過銀二千四百七十餘圓；雖據開有修工等項支銷之數，但並無文卷及工匠領據可憑即屬私用。復究其開稟黃仕簡各單與現在查明船行陋規數目多寡懸殊之故，則溫泰係奉黃仕簡諭查，始令營書吳有文查開轉稟。黃仕簡據單具奏緣由伊實不知其事並非有心誣揑應與得受陋規各文員一例治罪。」

並經欽差大臣們各按律定罪如后：

「查律較官吏非因公務科歛人財物入己者計贓以不枉法論。不枉法贓折半一百二十兩以上絞監候。又律載官吏求索所部內財物計贓，准不枉法論，名例內載准者但准其罪，罪止杖一百流三千里。又律載家人求索減本官罪二等，各等語。今程霖收受船行陋規應與譚尙忠、劉增、懷蔭布、李逢年、溫泰一例問擬，其因進京盤費邀請商戶三十餘家預借銀三千餘圓，係額外科歛應將程霖照非因公務科歛律擬絞監候秋後處決。譚尙忠、劉增、懷蔭布、李逢年、溫泰、所收銀數多寡均係在任久近日期接收，尙非挾勢勒取，應俱照求索所部財物律，擬流改發鬬展等處効力贖罪。書辦洪純於廿六年洋行議定陋規數目時即係伊回稟劉增，此後正署各同知接收陋規及辦買貨物等事又皆其經手，實非安靜之人未便仍留原地滋事，應照得受陋規各員所犯流罪擬以杖一百流三千里至配所折責發落。營書吳有文將遠年舊單及聽聞未確數目冒昧開稟殊屬不合，應照不應重律杖八十革役。程霖家人馮天祥在京混供亦屬不合，亦應照不應重律杖八十折責發落。劉增任內得受陋規之家人訊係按月收受，闔署家人長隨均分。劉增離任一年，其從前分得陋規之家人現在只有王峻生、李七保、孫國柱、楊正芳、沈棟等五人，各得過銀八九十圓及百圓不等，均應照不枉法贓折半四十兩，杖一百律減二等杖八十，各折責發落。各員名下所收銀兩均應著追入官。查譚尙忠、劉增、懷蔭布、程霖、李逢年任所貲財業經查封，應交地方官變抵，如有不敷，行文各該員旗籍著追。溫泰應追銀兩交地方官照數追繳。劉增家人分用銀二千圓亦即在劉增名下著追。……總督楊廷璋巡撫定長業經臣等查奏請旨，交部分別議罪，……。所有審擬各犯證供詞僅繕清單呈覽，仰祈聖鑒勅部核議施行，爲此謹奏請旨……。」直到六月廿四日（甲辰）奉到乾隆帝的諭旨（註三三）：「諭曰楊廷璋現在交部嚴加議處，著解往來京候旨，蘇昌（原兩廣總督）著調補閩浙總督。兩廣總督員缺著李侍堯（原湖廣總督）調補，李侍堯未到任之前著明山暫行署理。吳達善著調補湖廣總督，其雲貴總督員缺著劉藻補授。」次日（乙巳）廿五日又諭曰（註三四）：「諭軍機大臣等奏查辦廈門陋規一摺，與前次所奏情事大概相同，此案既經徹底查明，自可即行完結。現在楊廷璋定長明白回奏各摺已批交部分別議處，可將此傳諭舒赫德等知之。」

七月初一日高宗實錄記載了一道上諭，有關此陋規案的前因後果有明白交待，並恩賞楊廷璋散秩大臣來京効力，定長從寬留任。其重點如后（註三五）：「……至購買燕窩等物定長惟沿習向例給價，而楊廷璋於此外復有令屬員墊買人參珊瑚珍珠等物僅照所開平價給發，致屬員添價墊買爲婪收陋規藉口。楊廷璋溺職負恩罪實難逭，但此等陋習料非僅福建一省爲然，別省幸而不致敗露，則亦姑置不究。今既訊有確據，豈可不示以創懲。楊廷璋擢任封疆以來尙能實心任事，是以簡用大學士仍留總督之任，乃不能正己率屬致啓屬員巧爲逢迎借端欺蝕之漸，不但不堪表率封疆，即令其還京供職，亦有何顏面厠綸扇耶。姑念其宣力有年，齒復衰邁（璋年七十七歲），不忍遽加擯斥，著加恩賞給散秩大臣來京効力。定長本無大過，著從寬留任。」隔一天（癸丑初三日）乾隆帝又下旨再加以剖析重申（註三六）「諭……但督撫令屬員購買物件究非體制所宜，或有謂若非委之屬員，恐假手家人胥役益致借端滋擾，不知屬員中賢否不齊，此端一開必啓逢迎賄謁不可不防其漸。若以上貢方物原司分內應辦之事，遂致購覓一切什物悉託下僚混濫皆所不免。即如程霖等代楊廷璋所買各項內，并有將自用人蔘等件亦託名列入者，其流弊更無所底止。豈可不早爲禁飭，使不肖之員藉口爲罔利營私地乎。……此案舒赫德等查辦入手未得關鍵，節經訓示更正及審明定讞。則楊廷璋之罪斥總督，解退閣務。及定長之從寬仍留原任，皆視其所自取。恐中外之人未能深晰此中就裏，特將奏情原委明白宣諭知之。」

七月十五日楊廷璋接到前項解任來京的諭旨，料理清楚經辦事件，便於七月十八日將總督印務移交給撫臣定長接收署理，十九日便自閩起程，八月初九日抵浙省即兼程馳赴熱河行在，赴闕請罪。未幾，卻授正紅旗漢軍都統，十二月授工部尚書（清代通史清代宰輔表第三）。三十年命署兩廣總督，三十二年召授刑部尚書，三十三年授直隸總督兼直隸河道總督，直至三十六年十月廿日丁亥離任，十二月卒年八十四，還贈太子太保，並賜祭葬。相反的：陋規案的原告發者黃仕簡，並未因此高升，反而於九月十七日承兵部箚付內閣抄出八月廿一日奉上諭黃仕簡著調補廣東提督，而其福建水師提督員缺即著吳必達補。有趣的是乾隆帝在黃仕簡奏謝天恩的摺子上批曰：「以福建文武官皆怨汝，故調用非有他故。汝莫懼更宜勉力可也。」（註三七），黃仕簡又重新回到離開約十個月的廣東提督的任上。

後來因爲林爽文起事，黃仕簡督兵討之，師久無功，經總督常青、李侍堯先後參劾貽誤而被奪官，幾經逮下刑部論斬，特宥之，尋赦歸。這樣一位乾隆帝的「汝可謂知恩，朕亦可謂知人。」（註三八）大臣竟有如此的下場；而楊廷璋被認爲「溺職負恩罪實難逭」的罪人卻得到高官厚祿，誠所謂公平乎？

結論

清朝經康熙帝六十年休養生息，以寬大爲治，民物靜豐，但終不免人心玩忽，諸事廢弛，因而顯得失之於寬。繼而雍正帝稟持嚴厲，以整頓積習，但大臣奉行過苛，擾累百姓，誠有嚴刻之弊。乾隆帝即位，深以寬猛互濟之道爲然，並且屢次下召說明「故寬非縱弛之道，嚴非刻薄之習，朕惡刻薄之有害於民生，亦惡縱弛之有妨於國事。」（註三九）但常因時制宜，不得不以寬大矯雍正帝峻厲之弊，大臣們便漸存放縱玩弛之勢。廈門陋規案因勢發生，更由於此案未能嚴刑懲治犯法官吏，誠是乾隆朝疆吏侵吞刻削，聚斂行賄的先河。乾隆四十二、三年和珅寵用聚斂，四十六年甘肅官吏之侵糧冒賑，四十七年山東巡撫臣國泰之勒派屬員，婪索多贓……隨之各省吏治敗壞。總之廈門陋規案雖是地方上的貪黷，其影響之巨可見，清朝之中衰便由乾隆帝開始也。

【附註】

註一：黃仕簡、福建平和人，曾祖黃梧率衆投誠清朝，受封一等海澄公准襲十二次，雍正八年襲爵，乾隆十六年，皇帝南巡，二月黃仕簡在蘇州接駕請當差，諭曰：……著總督喀爾吉善再爲教導學習，俟才識堪以勝任之時奏聞請旨。三月賞戴花翎，十九年授浙江衢州鎮總兵，廿三年四月丁母憂。廿四年命署湖廣提督軍門。廿五年服闋實授，九月調廣東提督。廿八年調福建水師提督。（清史列傳卷二十五）

註　二：宮中檔乾隆朝第一六九四〇號，乾隆廿九年一月廿四日黃仕簡摺。

註　三：清史稿黃仕簡傳云：「上嘉之，諭汝知恩，朕亦知人。」及清史列傳黃仕簡傳云：「硃批嘉悅之，汝可謂知恩，朕亦可謂知人。」兩者記述與本摺略有出入。

註　四：清高宗純皇帝實錄、新裝第十四册，一〇一八五頁。乾隆廿九年三月乙卯諭。

註　五：宮中檔乾隆朝奏摺第〇一七五五〇號，乾隆廿九年四月十五日舒赫德等摺，「……再三月廿三日所發硃批臣舒赫德奏摺並廷寄諭旨廿四日所發硃批臣裘曰修奏摺具經奉到合併陳明……。」

註　六：同註五。

註　七：清高宗純皇帝實錄，新裝第十四册，一〇二二七頁。乾隆廿九年四月戊申（廿七日）諭。

註　八：同註四。

註　九：宮中檔乾隆朝奏摺第一七三〇〇號，乾隆廿九年三月十二日陝甘總督楊應琚摺。

註一〇：清高宗純皇帝實錄，新裝十四册，第一〇二〇〇頁，乾隆廿九年三月甲戌（廿三日）諭軍機大臣等。

註一一：宮中檔乾隆朝奏摺第一六七八三號，乾隆廿九年正月四日楊廷璋摺。

註一二：宮中檔乾隆朝奏摺第一七五五〇號，乾隆廿九年四月十五日舒赫德裘曰修摺。

註一三：同註一二。
註一四：同註一二。
註一五：同註一二。
註一六：宮中檔乾隆朝奏摺第〇一七五五八號，乾隆廿九年四月十五日舒赫德摺。
註一七：同註一六。
註一八：宮中檔乾隆朝奏摺第〇一七五八一號，乾隆廿九年四月二十日舒赫德裘曰修摺。
註一九：宮中檔乾隆朝奏摺第〇一七五八〇號，乾隆廿九年四月二十日裘曰修摺。
註二〇：宮中檔乾隆朝奏摺第〇一七六二一號，乾隆廿九年四月廿四日裘曰修舒赫德摺。
註二一：宮中檔乾隆朝奏摺第〇一七五八三號，乾隆廿九年四月二十日裘曰修摺。
註二二：同註七。
註二三：清高宗純皇帝實錄，第十四册，新裝一〇二二八頁，乾隆廿九年四月辛亥諭。
註二四：宮中檔乾隆朝奏摺第〇一七七七五號，乾隆廿九年五月十二日舒赫德裘曰修摺。
註二五：宮中檔乾隆朝奏摺第〇一七七七六號，乾隆廿九年五月十二日舒赫德裘曰修摺。
註二六：宮中檔乾隆朝奏摺第〇一七八五三號，乾隆廿九年五月廿一日楊廷璋摺。
註二七：清高宗純皇帝實錄，第十四册，新裝一〇二四二頁，乾隆廿九年五月甲戌諭。
註二八：宮中檔乾隆朝奏摺第一八〇〇六號，乾隆廿九年六月八日舒赫德裘曰修摺。

九：宮中檔乾隆朝奏摺第一八〇〇八號，乾隆廿九年六月八日舒赫德裘曰修摺之附摺。

三〇：宮中檔乾隆朝奏摺第一八〇五八號，乾隆廿九年六月十二日楊廷璋摺。

註三一：宮中檔乾隆朝奏摺第一八〇〇八號，乾隆廿九年六月八日舒赫德裘曰修摺。

註三二：宮中檔乾隆朝奏摺第一八〇六三號，乾隆廿九年六月十三日舒赫德裘曰修摺。

註三三：清高宗純皇帝實錄第十四册新裝一〇二六四頁，乾隆廿九年六月甲辰諭。

註三四：清高宗純皇帝實錄第十四册，新裝一〇二六五頁，乾隆廿九年六月乙巳諭。

註三五：清高宗純皇帝實錄第十四册，新裝一〇二七一頁，乾隆廿九年七月辛亥諭。

註三六：清高宗純皇帝實錄第十四册，新裝一〇二七三頁，乾隆廿九年七月癸丑諭。

註三七：宮中檔乾隆朝奏摺第〇一八七一二號，乾隆廿九年九月廿一日黃仕簡摺。

註三八：同註三。

註三九：清代通史蕭一山先生著，第二册第三頁，乾隆元年二月上諭。

清廣西學政梅立本逼死知縣案

前言

清高宗柄政以來，雖整頓吏治，但不及清世宗之嚴厲，而寓寬於嚴，官吏亦尚知畏法。但自中葉以後，吏治敗壞、官吏貪財嗜貨、相率成風、而迨不可收拾。在位得勢者更是壓迫屬下，達無以活命的地步。茲就乾隆三十三年（西元一七六八）廣西省發生的知縣自刎一案的探討，以說明乾隆朝吏治敗壞的嚴重性。

乾隆三十三年的四月裏，廣西省鬱林州發生了一件轟動中外的大事——廣西學政梅立本按試鬱林州，逼死輪値承辦考棚一切應用什物的陸川縣知縣楊椣。由於該案牽涉學政職司歲科兩試，欺壓地方官或與地方官彼此勾結或有官官相護之嫌，故而乾隆皇帝於接到廣西巡撫鄂寶揭發梅立本逼死知縣楊椣一摺，遂於六月十七日降旨鄂寶將梅立本革職拏問、嚴審定擬，竝將梅立本任所貲財即行查封。且降旨安徽巡撫馮鈐密委幹員前往梅立本原籍寧國府宣城縣家中嚴行查抄家財。同年八月廿二日通諭各省督撫，「查明各該學政按試時有無擅動驛馬多少若何？及似梅立本之多用人夫或間有自行雇覓之處，並各學政養廉若干？……」要各省督撫即行據實具奏，從而對各省學政按試地方情形，有所檢討，足見本案影響之巨。茲就本案的緣起經過、查辦情形，探討於後。

一、梅立本逼死楊㮀之緣起經過

梅立本是安徽（寧國府）宣城縣人，字秋竣，一字望園，乾隆廿二年（西元一七五七）丁丑科殿試（清朝第四十四次殿試）一甲二名榜眼，授編修。廿七年爲江西鄉試副考官。三十年九月任提督廣西學政。提督學政掌學校政令及歲科兩試的職責。乾隆三十三年四月廣西省鬱林州科試。凡考棚一切應用什物由輪値陸川縣知縣楊㮀承辦。四月初四日梅立本抵該州考試。楊㮀稟見學政梅立本之後，就回縣衙檢驗承辦的東西。並派長隨王陞、胡賢、買辦陳忠等去學政處伺候。初五日梅立本查閱出題經書內缺三禮一部（周禮、儀禮、禮記），即將長隨王陞等杖責。初六日發取紙張筆墨銀硃等項東西，向來考棚所用紙張都是買自粵東。因楊㮀到任不久，來不及差往購辦就近買備供應。因此學政以紙張不好，發換多次，無不刁蹬。而每日供應不是說物件不好，總嫌供應不周，屢次刁難發換。初十日供應缺少二條瓠子，該學政輒怒責辦送的陳忠二十大板之後，又覺行杖稍輕，又將皂隸周文杖責十板以釋其胸中之氣。知縣楊㮀在縣衙聽說他派去辦差的人屢遭學政責打氣憤難平。次日即赴州城，晚鼓時分稟見學政梅立本，該學政即嫌考棚修理不堅，並強調雖與爾係同年，但辦事不好定要參究你，詞色益形鋒厲。楊㮀聽後害怕，不自覺得落膝下跪。而梅立本卻轉入公座，竟置之不理。楊㮀再告稟卑職係初任有所不諳還求指教。學政答說你自己不懂去問你家人罷，一面答話一面轉入後堂不再理會，楊棟經此羞辱便懷忿而出。楊棟回到縣城忿恨莫釋，便將他受梅立本凌辱經過告知他弟弟楊國時，遂有與學政拼命的話。而在墊發銀兩方面更令知縣心尤不甘。學政自四月初四日按臨至五月初一日起馬離開鬱林，楊棟實際爲學政墊發過夫價與一切紙張及日用物件共錢二百六十餘千，而學政所發止逐日蔬菜銀二十六兩零，復命取並無短少勒索印結，實感欺人太甚。四月三十日學政復嫌所乘之轎大不適其意，飭令知縣更換。因爲第二天學政就要起程，楊棟一時無措，不勝憂急，遂將自乘之轎作爲供應，向吏目借轎自乘。五月初一日學政啓行前赴潯州府考試，楊棟往送。屢次在署要求稟見學政，均不獲接見，只好就出城過大江橋候送。而學政卻遲遲不出署，當時正值大雨淋漓。楊棟忿恨難堪，便於靴統中拔出小刀在轎內自刎殞命。

二、查辦經過

五月初一日楊棟自刎命案發生，直到五月十六日鬱林州知州張宗衡的稟報才抵廣西巡撫鄂寶手中。鄂寶即上摺報告廣西學政梅立本考試鬱林州時，勒索供應恣意凌辱陸川縣知縣楊棟，致該縣忿恨自刎身死。六月十七日鄂寶即接到將學政梅立本革職拏問嚴審定擬的上諭。遂鎖拏梅立本並提齊人證率同廣西布政使（即藩司）淑寶及在省城的府縣等官逐一隔別研訊。經訊得實如前情之後，即質訊梅立本亦供認不諱。鄂寶便於七月九日遵旨查審定擬具奏，重點節錄如下：「……緣梅立本賦性乖張，罔顧閑檢……查例載上司經過，屬員呈送下程及供應夫馬車輛一切陋規俱行革除。如屬員仍有供應，上司仍有勒索者，俱革職提問。又律載以威力制縛人因而致死者絞監候各等語。梅立本按臨所至用夫至數百名之多、任意勒取短價、復致縣令庭跪凌辱難堪忿極自盡，實與威力制縛無異。梅立本應請比照威力制縛人因而致死者絞監候，律應擬絞，絞監候秋後處決。再梅立本身為學政，宜潔己奉公。乃竟恣肆妄為，至於逼辱縣令自盡，非尋常致死人命可比，任性乖張莫此為甚，並請入於本年秋審情實，以昭炯戒。至鬱林州知州張宗衡，身為提調，凡學政所為有未當，理即應據實稟阻，阻之不能即應稟報督撫辦理。乃竟全不經心，一任肆行無忌，及至釀成命案，始行稟報，殊屬不合，相應附參，聽候部議……。」得高宗硃批「該部核擬速奏」。

㈠梅立本任所貲財查封經過：

乾隆三十三年六月廿八日未刻，廣西巡撫鄂寶接到大學士公傅恒等字寄內開：「……梅立本逼勒供應，致陸川縣知縣楊棟忿恨自刎殞命一摺，已降旨革職拏問交與該撫嚴審定擬矣，其任所貲財並著鄂寶嚴密查抄，毋任稍有寄頓隱匿，欽此。」當日鄂寶就率同藩司淑寶暨在城府縣各官前詣學政衙門，並密令營員派撥弁兵於署內署外嚴行把守，以進行查抄。鄂寶除將梅立本鎖拏定擬具奏如前述外，並隨帶同各官將梅立本任所一切箱籠加封，經挨次搜查出銀首飾等項共重二十二兩九錢，銅錢九千九百文，銀九百二兩二錢。其冬夏衣服紬緞布疋及一切粗重並零星物件亦俱逐一點明封記。所有書籍亦經逐細查看並無干禁字跡。並將查出衣物逐加揀擇，鮮明完整衣服紬緞並銀兩首飾委員解交崇文門查辦。

梅立本任所又查出典當家人徐明一名，有幼子二名，長隨二名，婢女三口。鄂寶以長隨應聽各自謀生。典當家人徐明原當身價十二兩，應令同子繳價贖身，婢女則飭縣變價入官。事隔三日（七月初二日）晚臨桂縣典史王藎才首繳梅立本託寄家信一封銀二百兩，當驗信內悉敍家務並無別情，並經府縣前往該典史衙門內搜查確無別項寄頓情事。鄂寶除將銀兩飭貯庫歸案造册外，由於王藎首繳銀信在查抄後三日，明係先欲代爲寄頓及見嚴審密查，慮及事難隱諱然後首繳，顯係狡詐不職。除將典史王藎照例咨革再加定擬。整個查封梅立本任所貲財經過，鄂寶於七月九日向清高宗具摺奏覆。

㈡查抄梅立本原籍所有家財經過：

依據六月廿二日安徽巡撫馮鈐所接六月十七日字寄上諭內開：「……學政優給養廉乃不知潔己奉公，以考試供應恣意勒索凌辱逼命，實出情理之外。若將本身治罪而家屬仍得安享餘貲，何以示儆？著傳諭馮鈐令其於接到諭旨時，密委幹員前往該犯原籍，將所有家財嚴行查抄，毋得稍有瞻狥，自干咎戾。……」同日晚馮鈐即密委安徽道李世傑執行任務，會同寧國營參將黃元秀、宣城縣知縣謝其炳等直至梅立本家，先將前後門撥役把守，梅立本家住舊樓房一所計四進共四十八間，內有梅立本分居之嬸母劉氏與堂嫂詹氏幷子梅任（梅立本堂侄）居住。經訊，據劉氏梅任同供，伊等久與梅立本分家，此房係祖遺公共。梅立本於廿五年服滿進京補官，伊弟梅忠本於廿六年冬間送伊家眷進京，竝無親人在家，一切輕細物件同衣飾等物盡行帶去，惟有粗重破舊什物俱在伊住屋內封貯。另有田地四十餘畝，現托同姓不宗之梅禮存照管收租。安徽道李世傑等隨將梅立本住屋封貯各什物幷殘破書籍公同逐細搜查登造清册，確無銀錢契約及別項字跡。進而也搜查了劉氏梅任各家貲另登入册並無梅立本寄頓銀錢及往來書訊。再到梅禮存家，搜出梅忠本交托田地底單，起出梅禮存自廿七年代管至三十二年收租完糧各賬簿逐一核對相符，梅立本有田地計四十一畝三分一釐，每年所收租稻除完糧支消外現存稻穀七十二石四升，而田地契約俱係梅忠本帶去。隨即傳集鄉保戶族鄰親人等逐加訊追，僉供云「……梅立本止有祖遺三房公共住屋一所，父置田地四十一畝三分一釐此外別無產業。……梅立本爲人吝刻，與族親不睦，故將田地托交同姓不宗之梅禮存照管，即其親孀堂弟在家窮苦並無銀錢寄回資助，如有產業家財，誰肯替他隱瞞，實無寄頓隱匿情弊等情。」李世傑等搜查造册於七月初五日呈送，經馮鈐察核確實，於三十三年七月初九日上摺具奏，總計查抄梅立本原籍家貲包括房屋田地租稻並家存什物書籍，經確估共值價銀三百三十一兩二錢一分六釐，經逐細查抄並無隱漏情事，並嚴飭宣城縣知縣速予變估歸賬。

㈢查訪學政梅立本劣蹟：

乾隆三十三年六月甲戌（十八日）奉上諭：「……梅立本……至平日考過各屬豈無類此抑勒乖張情事，並別有婪贓不法之處亦未可知。鄂寶雖係新任，於學政劣蹟，寧竟毫無見聞，何以直至釀成逼命之案始行參奏。此時如再不盡法定擬，并實力訪查，俾平日在任敗檢實款，盡行發落，則是自取罪戾，不能復爲鄂寶寬也。」七月九日鄂寶首先覆奏云：「……臣就現在省城各官逐細訪問，梅立本於歲科兩試尚未聞有作弊之事。惟任性乖張，遇事見小錙銖必不免。即如臣現奉旨查抄其署內，醃肉茶葉燭酒以及紙張筆墨等所積甚多。訊其家人亦供平日考過地方用剩之物皆裝入卷箱帶回，則其多用人夫大約皆由於此……。」後來鄂寶檢齊學政梅立本以往按臨各屬州縣買辦物件發過銀兩及取用人夫的賬簿名册連同書役人等一併發交桂林府詳加查訊。知府沈希賢遂將查訊情節禀覆，經鄂寶逐加查核後，於三十三年八月五日覆奏，對於梅立本的劣蹟有詳細的剖析說明，玆節略其奏摺於后：

「……梅立本考試各屬，日逐買辦薪蔬等物本屬無多，每棚不過用銀二十兩上下，俱皆發價尚無短少，各有印領可查。至於紙筆油燭等項因學政衙門向無心紅紙張之款，每遇考試係承辦各州縣公捐供應。梅立本以爲例應捐辦，稍不意即事吹求；然情形亦有不同，如辦考係明幹之員則恐難勢壓，隨爲遷就。倘循謹之輩則視爲可欺，遇事責備或嫌禮節不周或至責懲書役皆係事之所有。……查核該學政任內所用人夫較之前學政葉觀國任內用夫數目，通計多用夫七百餘名，則其不遵成例任意濫取已屬顯然。查其所以多用夫役皆因考試每棚餘剩食物盡帶回省，是以用夫較多。訊之隨行書役供亦無異。……」

㈣梅立本之行刑：

梅立本於六月十七日因案被革職鎖拏，經審訊於七月九日查審定擬，按例絞監候。並請入於本年秋審情實，收禁廣西省城臨桂縣監。廣西巡撫錢度於九月廿二日先後接到寄信上諭及明發上諭勾決廣西官犯。於十月初八日由刑部咨到秋審勾決的部文，即日行文廣西按察使吳虎炳，親將梅立本綁赴市曹、當場宣旨將梅立本監視行刑訖。梅立本逼死知縣楊楩一案才算結束。

㈤調查各省學政按試情形：

學政逼死知縣一案發生，使清高宗異常驚訝，暴露了學政按試地方濫用驛馬人夫，擾累地方情弊，遂於三十三年八月丙子（廿一日）下旨：「諭……著通諭各督撫查明各該學政按試時有無擅用驛馬多少若何？及似梅立本之多用人夫者或間有自行雇覓之處。並各學政養廉若干？現在情形若何？即行據實具奏，到日再降諭旨。至於學政書役等各有例給工食，其飯食豈可令所至地方官捐備亦屬非體，並令該督撫一併查明覆奏。」廣西巡撫錢度於九月十二日首先覆奏，對於廣西省考棚各屬歷來捐辦之原委有所說明云：「……查粵西從前學政未給養廉，一切皆係州縣捐辦。迨雍正十年，前撫臣金鉷奏設學政養廉每年銀二千兩，除夫船外，將一切供應永行裁革。雍正十一年因學政書役飯食無出，經前藩司張鉞議詳、前撫臣金鉷批准，每考棚令各州縣捐給銀六十兩，爲跟隨五十名書役一月考棚飯食之費。嗣後又因修理考棚添備家伙執事幷文武場器具下馬起程及外場酒飯暨夫船脚價無出，於乾隆八年經前藩司唐綏祖通飭將從前考棚用數開報酌議，歲試每棚自四百二十餘兩至一百六十餘兩不等。科試自二百四十餘兩至一百餘兩不等，各按所屬州縣捐辦。詳奉前撫臣楊錫紱批准通行迄今，各屬照辦無異。此廣西考棚各屬歷來捐辦之原委也。」清高宗原打算將捐項盡數革除以清陋弊，而錢度卻提出不能不稍爲籌辦（捐項）的原因、甚至也酌議書役飯食費用，他的說法是這樣的：「……即如考棚衙署歲科兩試爲日無多，其餘皆封鎖。長日風雨損壞，勢不得不於臨時略爲修葺。再粵西學政書役向無工食出外飯食，幷考棚動用家伙器具及號燈等項亦勢所必需，臣與司道等公同酌議並商之學政臣朱丕烈（新任），每次考棚祇須帶書役十二名比前減去三十八名，每名每日給飯食銀四分，每棚以一月爲率，共需銀十四兩四錢，粵西九棚合計總需銀一百二十九兩六錢。又修理考棚添備租用家伙器具并號燈等項，查粵西九棚生童繁簡不一，今擬歲考如賓州、太平二簡處各給銀四十兩、餘棚各給銀五十兩共需銀四百三十兩、連九棚書役飯食總需銀五百五十九兩六錢。科考距歲考爲時不遠，如賓州、太平二簡處各給銀三十兩餘棚各給銀四十兩共需銀三百四十兩連九棚書役飯食總需銀四百六十九兩六錢，通計歲科兩試三年內共需銀一千零二十九兩二錢。」至於夫船一項，他與學政朱丕烈（新任）酌定了數目：「……至於夫船一項臣亦與學政朱丕烈酌定抬送人役文卷約計旱程用夫一百二十名，水程用船大小七隻，計價銀不過二十兩之內。此項夫船，學政斷不能自雇。與其發價雇備，有名無實，不如竟令各經過之州縣應付，三年之內不過數十金，爲數亦屬有限，如有多用亦將濫應之員查參……。」十月十三日山東巡撫富尼漢覆奏查明學政養廉及有無擅動驛馬人夫提出絕然不同的看法，使清高宗對廣西巡撫錢度有所責難，并降補雲南布政使以觀後效。富尼漢的覆奏擇要摘錄於後：「……臣查東省學政每年額設養廉銀四千兩，其按試各棚護送勅印及必需隨帶之卷册、例用人夫馬匹，據各府查明；每次用馬不過四五匹，用夫不出十名。隨帶行李及携行之幕友家人書役歷係學政發價，交首站之州縣或雇長車或雇騾馬馱送，並無動用驛站夫馬。至按臨各府考試日用薪蔬等項學政給發現銀，令巡捕平價購買給以印簿按日開報並非各屬供應。書役飯食銀兩學政自行按名給發並非地方官捐備，是東省歷任學政按試各棚既據各府查明並無擅動驛馬擾累地方情事，自應仍循舊觀辦理毋庸另爲籌辦理合據實覆奏。」十月辛未（十七日）清高宗因此對於錢度的寬備夫馬、供應紛繁擾累地方痛加指責，下諭道：「……錢度另摺議奏學政事宜，其中所定抬送人役，旱程用夫一百二十名；水程用船七隻，尤屬有意沽名並非覈實辦公之道。試問學政巡歷各府即有應帶文卷，諒不過箱篋數抬已敷檢閱，何至需用夫船如許之多，其意只不過欲務從寬備以博學政等同官情面之歡，而不知供應紛繁，勢必仍有濫索濫應之弊為地方擾累。錢度擢任巡撫不知感恩奮勉，痛自湔除外省惡習。乃到任之後輒敢以此等伎倆於朕前巧為嘗試。豈可復稱封疆之寄，姑念其滇省辦理軍需事務尚為熟習，著仍補授雲南布政使，以觀後效。倘再不力為悛改則自逮罪戾，不能再邀曲貸矣，其廣西巡撫員缺著宮兆麟補授。」十月廿一日（乙亥）又諭：「……如同日富尼漢奏到山東學政，每次用馬不過四、五匹，夫不過十名。其幕友家人書役歷係學政發價自雇車騾並無動用驛站夫馬之例。雖坦途山徑各省情形不同而官用私用之分其理則一；山東則係自雇車騾，廣西獨不可自雇夫船乎？況此次酌議章程原以整飭向來因循陋習。地方大吏輒敢挾其故智巧為嘗試，何以除積弊而肅官箴。」十月廿三日護山西巡撫富明安奏：「……晉省學政按臨考試，所需夫馬向來俱係自行雇覓，且甚輕減並無多用人夫及擅動驛馬之處，各州縣從無捐辦供給之事。」十月廿六日阿思哈奏報河南學政每年養廉銀六千六百六十二兩零外夫馬亦俱係學政自行發價令地方官代辦並無需索供應情弊，書吏工食亦向係學政自行發給亦無勒令地方官捐備之事，其後各省都先後覆奏；如安徽巡撫馮鈐十一月四日奏，湖北巡撫程燾十一月六日奏，直隸總督楊廷璋亦於十一月六日奏。十一月八日有貴州巡撫良卿、湖南巡撫方世儁奏、江蘇巡撫彰寶奏等，除各省學政養廉銀兩不同外，其他情形大略相同。但在十月廿六日河南巡撫阿思哈的覆奏內還隱約透露了一項官官相護的弊端：「……至試院食用臣訪聞間有學政給價，而州縣官於試畢之後仍行邀還者，殊非政體，應請嚴行禁止。令學政責成提調官設立印簿遣人代為買辦據實領價，不許州縣經手，違者治罪。」清高宗在字裏行間批曰「汝何不參奏」。足見存在者州縣地方為討好各省學政而將學政發給書役的食用費再行邀還者，並飭令地方塡寫並無短少勒索印結，形成學政欺壓地方的惡習。清高宗為整飭地方官箴，不得不於三十三年十一月癸卯（十九日）下諭道：「……但聞學政向來雇覓人夫買辦食用，間有已經給發價而州縣官於試畢後，仍行繳還。該學政者陋習相沿，不可不嚴加禁止。著再傳諭各督撫確查該省學政考試時如有此等情弊，即行據實覆奏，毋得稍為袒護隱飾。」雖然各省督撫也都遵旨覆奏，但均以無此情弊作覆。也許清高宗深知地方官官相護，無法得實，直至三十四年五月癸未（初二）在實錄上見到這樣的上諭，而不了了之：「諭……因降旨各督撫令其查明覆奏，朕明知各督撫不過以無其事奏聞而已。」這就是調查各省學政按試情形的落幕。

結論

梅立本雖本性乖張，竟對堂堂七品朝廷命官，施以無理凌辱，而至自刎身死的地步，顯見其藐視朝綱法紀明矣。各省學政、歲科二試，雖有固定豐厚養廉支用，暗地裏卻要輪値州縣捐備供應書役夫馬經費。並且要求州縣供應物品，予取予求，嚴加挑剔。足見官吏貪財嗜貨，雖經清高宗嚴飭查辦，各省督撫也只是虛文應對而已，眞是冰凍三尺非一日之寒。陳現了清朝中衰之貌矣。

清雲貴總督彰寶勒屬虧空邊儲重案研究

前言

雲南貴州兩省均屬中國古代禹貢荊梁徼外之域。明制，置雲南、貴州布政使司。清初改爲雲南省、貴州省，各設巡撫治之，並設雲貴總督，兩省互駐。乾隆元年設雲南總督，十二年改雲貴總督、駐雲南府城即現在的昆明市。雲貴地方因與暹羅、緬甸相交，向來駐有重兵防守，爲國防邊陲重地。因此軍需邊防形成雲貴地區重要的政務。乾隆三十九年，原任雲貴總督彰寶因病奏請解任，清高宗命貴州巡撫覺羅圖思德署理雲貴督篆，在他清查一切邊防並軍需錢糧倉穀以及軍裝等項時，發現雲南省永昌府屬下保山等四廳州縣，於卅九年五六月青黃不接之際加買穀四萬石實出常理之外，進而委員確實盤查倉厫庫儲，得知永平保山兩縣共缺穀七萬八千三百餘石之多，立即奏報清高宗。高宗便明令圖思德確查具實參奏，始暴發原任雲貴總督彰寶勒屬虧空邊儲重案。後經發審得實，彰寶被奪官，逮京師論斬、後死於獄。雖然本案虧累只有四萬餘兩，但本案卻暴露了清朝邊圻大員貪婪無饜，無法無天，勒屬供應，甚至連邊陲重地的雲貴也在所不免。經由本案的討論更可以瞭解清朝乾隆年代，地方軍需腐敗，上下欺瞞的一般了。

彰寶的生平

彰寶，鄂謨託氏、滿州鑲黃旗人。乾隆十三年，自繙繹舉人授內閣中書。十八年授江蘇淮安海防同知，累遷江寧布政使。三十年授山西巡撫，三十二年調江蘇，三十四年命馳驛往雲南，署巡撫。師征緬甸署雲貴總督，命出駐老官屯督餉，加太子太保。三十七年實授雲貴總督。三十九年四月，以病請解任（註一）。

虧空案的緣起

㈠彰寶因病解任

彰寶在普洱染病，移駐永昌，於三十九年四月二十四日奏謝的摺子得知，清高宗欽差乾清門侍衛隆安帶領御醫爲他診視：

「乾隆三十九年三月十六日內閣奉上諭，雲貴總督彰寶現在患病未能即愈，著派乾清門侍衛隆安帶領御醫一員馳驛前往永昌診視欽此……奴才沐此異數鴻慈至優至渥，自揣分量實爲感入心髓踞踖難安。奴才病勢自四月以來較前日增疲憊。現在恭俟欽差御臣來至永昌，將奴才病症根源細加診視作何醫治可望向痊，自當盡心設法調理；但封疆責任至重，奴才辦理公務實形竭蹷實有不得已下情，現在另摺瀝情陳奏……。」（註二）彰寶病勢經御醫沙成璽診視調治未見好轉，因此奏請解任回京調理。後再經雲南巡撫李湖奏稱督臣現今病體日甚，心思智慮愈見疲憊。清高宗便准其解任調理，派令貴州巡撫圖思德就近馳往永昌署理，接辦彰寶任內一切事務，貴州巡撫由韋謙恒暫行護理。彰寶於五月十六日自永昌起程，六月初六日回至雲南省城。詳情見彰寶三十九年六月九日的奏摺：（註三）「……臣於本年五月十六日具摺奏明，由永昌回省。於五月二十六日行至姚州普淜地方接到廷寄：五月十四內閣奉上諭，前因彰寶患病未愈，屢諭加意調攝，並派御醫診視。嗣據彰寶奏稱病勢日深，懇請解任回京調理，曾諭以現在無事不妨姑緩。今據李湖奏稱，督臣現今病體日甚，心思智慮愈見疲憊等語，看來彰寶一時不能向愈，若仍令力疾治事，轉恐不能安心靜攝。彰寶著准其解任調理並著伊自行酌量或暫留雲南省城調養，或緩程回京醫治以冀就痊。其雲貴總督員缺緊要，若由內地簡員前往未免道遠需時。著即令貴州巡撫就近馳往永昌署理，接辦彰寶任內一切事務。其貴州巡撫印務著韋謙恒暫行護理，貴州布政事務著國棟署理，其按察使事務著圖思德於道員內揀選一員；奏明遞行接署欽此欽遵。臣跪讀聖諭之下俯伏泥首感極涕零望闕叩頭，恭謝天恩訖。伏念臣犬馬之軀久病不痊實由福分淺薄所致，惟恐公務據實瀝情奏懇解任調理，實出於下情之萬不得已。奉硃批現在無事不妨姑緩欽此。臣益感聖主曲賜矜全有加無已之鴻恩。適値巡撫李湖奏及臣病體日甚情形，更煩睿慈垂念以臣力疾治事轉恐不能安心靜攝，恩綸特沛俯准解任調理，仍令臣自行酌量或暫且留滇調養或緩程回京醫治以冀就痊。凡此鴻慈優渥實淪肌浹髓無可復加。臣自忖分量受此格外天恩感泣於地，益覺跼蹐難安，未識何時即得就痊並如何奮竭駑駘捐糜圖報於萬一。臣於六月初六日回至雲南省城。貴州撫臣圖思德亦於初八日到省，隨將雲貴總督印信及一切應交事件於六月初九日移交圖思德祇受接辦訖。伏思臣肢體拘攣運動拙滯，長途行走雖未免累墜，緣滇中水土氣候久病之後不甚相宜，所需藥物亦乏地道堪供選購。仰蒙聖慈令臣自行酌量，臣再四斟酌不如起身回京得以安心醫治。今自永昌抵省尫羸之軀未免委頓，是以暫留省城調養旬日，並可將一切公務細加記憶檢查面交圖思德接辦後，臣擬於六月十七日自滇緩程起身，途中賴有聖主天恩差來御醫沙成璽一路同行，早晚診視就便調攝。臣於到京後赴湯泉坐湯幾時，內外兼治以冀速痊，仰報聖主造就生全之高厚隆恩於萬一……。」清高宗批曰「好，今略覺好些否？」足見清高宗對彰寶病體的關切倍至，憐惜有加，而彰寶書摺的盡忠情切躍於紙表，於案發前熟料他是貪黷勒屬，虧空邊儲的禍首哩！

(二)虧空米石的發現

貴州巡撫覺羅圖思德接到署理雲貴總督命令之後於五月二十四日自貴陽省城起程經由安順南籠二府進入滇省平彝，霑益，六月初八到昆明省城，初九日蒞署雲貴總督。彰寶將一切文案及應辦事宜移交清楚，並於十七日由省起程，緩站進京，據雲南巡撫李湖奏聞（註四）：「……臣連日察看督臣病體情形，精力雖覺疲憊，神氣尚屬清爽，惟間作頭暈，兩足不能運動需人抬扶。現在由滇北上，沿途水土日見平喜，兼有御醫隨時調治安穩前行，將來似可漸望輕減……。」

圖思德接署雲貴總督後清查軍需錢糧倉穀等項緊要事項時，除查出署中營都司陳世萃虧空火藥一萬觔，於七月二十六日專差齎摺參奏之外，發現移交公文內有六月二十六日軍需局呈轉經前督臣彰寶所批准永昌府屬保山縣等處添買穀四萬石，於糧道庫米折銀兩內動支，請撥給穀價銀三萬六千兩一案。因業經彰寶批准咨部，故圖思德隨照詳批發給銀兩；但他考慮雲南省五六月間係穀稻青黃不接之時，其他各屬尚多平糶出穀，唯獨永昌一帶違背常規反令採買穀石，何況經查保山等四廳州縣存有米穀達三十萬石之多必有蹊蹺，爲此將查辦發現疑惑情形先行奏報，隨於三十九年八月七日專摺具陳：（註五）「……臣細查五六月間係青黃不接之時，各屬尚多平糶何獨永昌一帶更變常規轉令採買穀石，如謂彼時穀賤減於去年應行買備，殊不知今歲滇省夏間雨水調勻，各屬稟報俱稱年歲豐稔可卜。似此永昌穀價五六月內尚能平減，則秋成新米出市自可更減於夏季。況該廳州縣自乾隆卅五年至上年冬間止，疊次採買現共應存穀二十萬六千六百四十石。每年出防兵丁口糧所需不過一萬一二千石，現存倉穀甚多已足十年之用原無虞缺少，何必於青黃不接之際急急動項採買。臣猶恐到滇未久，地方情形尚未深知，面詢撫臣李湖，據稱採買一事去冬騰越等處曾請添買五萬石，其時即因各處存穀甚多，備貯充盈無需採買，當經嚴檄駁飭，嗣經彰總督奏請買備並未與聞。今年詳買之穀亦係伊在永昌批准咨部不及挽正等語。查採買穀石督撫皆得核辦，彰寶乃於不應採買之時濫准添買已屬非是，且查保山等處穀多厫少作何存貯？隨札據署糧道張鳳孫覆稱保山等四廳州縣現在兵糧及常平共存米穀三十萬石有奇，舊有倉厫並新建之倉核收貯米穀共十九萬餘石，其餘不敷收貯米穀尚有十萬餘石皆係分堆於各寺廟中等情。查米穀無倉收貯滲漏霉朽勢所不免，舊存穀石既無倉可貯則現令添買穀石之處更可無庸辦理。臣不敢因其已經咨部附會從事；隨一面檄飭永昌府停其採買仍徹底清查因何添買及寺廟中所存穀石作何妥協存貯緣由再行辦理。……」清高宗批曰：「所奏是，餘有旨諭。」八月廿五日另奉旨（註六）「諭軍機大臣等，據圖思德奏彰寶移交案內……等語，是採買穀石徒致朽爛狼籍殊爲可惜，彰寶彼時已在病中精神自不能照應，然非有屬員稟詳彰寶何以籌辦及此，則稟詳之員或希圖採買從中冒濫侵肥亦不可知，著圖思德查明係何人主見稟詳，據實參奏。」圖思德於九月十四日承大學士于敏中字寄該項上諭，經過十天的調查發現採買穀石乃祝忻主稿詳買，彰寶立意批准，於三十九年九月廿四日據實參奏（註七）「……欽奉上諭詳稟之員或希圖採買從中冒濫侵肥令臣查明何人主見，據實參奏。伏查此停買穀石價銀三萬六千兩業經臣追繳入庫。茲臣欽遵諭旨檢查案卷，本年二月內先據署保山縣知縣王錫詳請加買穀八萬石，經彰寶批令軍需局籌議通詳。該局以保山常平加買及兵米各穀米石存數繁多恐滋虧缺，俟盤查實貯在倉再看市價詳買等因詳覆。又經彰寶批飭親盤另詳各在案。嗣於四月該局忽以每石九錢二分比上年減價三分詳請奏令保山縣買穀四萬石，彰寶隨批令四廳州縣分買及每石減價二分准買咨部，此今夏買穀石之原委也。臣因軍需局務向係原任糧道祝忻承辦，隨傳該道面詢，據稱此案前後不相照應之故，實緣前院（彰寶）面諭催令速詳加買是以具詳；但祝忻從前總理局務不行力阻主稿詳買咎無可辭等語。臣查彰寶既經批局親盤，該局並未盤清，何不確查乃遽照請買之詳批准採買又不具奏，僅止咨部，案情頗覺離奇，且臣到永後盤查保山永平二縣虧空米穀共七萬餘石，現在另摺參奏。伏思舊存米穀虧缺如許之多，復急急加買顯有挪新掩舊情弊，況彰寶與祝忻同駐永昌，保山則近在同城，永平亦相距不遠，豈皆毫無聞見。乃祝忻主稿詳買，彰寶立意批准令其迅速採買均實出情理之外。其中是否上下通同作弊，從中有無冒濫侵肥，事關數萬兩軍需帑項，必須徹底根究以期水落石出，相應請旨將祝忻革職嚴審以重軍需而肅功令。將來如查有應參之員，臣再續參一併訊究。……」同日圖思德、李湖另摺特參署保山縣知縣王錫及署永平縣知縣沈文亨兩共虧空軍需等米穀共七萬八千三百餘石，請旨革職嚴審究擬，除分委各員摘印署理並一面照例封貯任所資財，一面分咨原籍查封家產備抵。詳情見圖思德會同李湖特參虧空備貯軍需兵糧米穀之署縣請旨革職嚴審以肅官方事摺（註八）：

「……竊照前督臣彰寶任內青黃不接之際，准令龍陵、騰越、保山、永平四廳州縣添買穀四萬石，既非採買之時又無倉可貯，經臣一面飭令停買隨即繕摺具奏並聲明到永確查另辦在案。茲臣到永當分委各員前往該四廳州縣逐一盤查。旋據查覆四廳州縣應存常平、兵糧、軍需三項米穀通共三十萬石，內除龍陵、騰越二廳州常平、兵糧、軍需各米石及保山、永平二縣常平穀石俱實存無虧，出結呈送備案外，查永平縣三十七、八兩年分應採買軍需穀二萬三千石，應存兵糧米一千二百六十六石九斗零，現在米穀均顆粒全無。又保山縣自乾隆三十五年起至三十八年止採買軍需穀應存九萬三千六百三十石四斗，內缺穀三萬九千六百五十八石。應存兵糧米一萬五千二百三十八石五斗零，內實少米一萬四千四百五十二石八斗零，各等情到臣。臣復督同管理軍需局之署糧道張鳳孫等逐一盤量，永平實係一粒無存；保山則虧短米穀共五萬四千一百餘石。伏查採買加貯軍需米穀原爲出防駐防兵食並所以籌備邊儲，地方官自應照額採買收貯，奚容顆粒短少乃任意虧蝕實屬駭異，該二縣皆係署員在任均甫及一年即虧空軍需等米穀共七萬八千三百餘石之多，尤爲可疑，其中必另有情弊，似此侵虧軍需之劣員斷難一日姑容。茲據軍需局道府等揭報前來，相應據實參奏。請旨將署永平縣雲龍知州沈文亨、署保山縣知縣太知縣縣丞王錫一併革職嚴審究擬以重軍需兵食而肅功令，除分委各員摘印署理幷照例封貯任所資財，一面分咨原籍查封家產備抵，仍令接署之員查明，此外有無別項未清……。」清高宗批曰：「有旨諭部」。（見後附表）

虧空案的審訊

覺羅圖思德正在密訪嚴查間，署保山縣知縣太和縣縣丞王錫便自動呈出賬目，稱皆因供應前督臣彰寶行署中一切用度及其隨帶弁役轎夫戲子，各項工匠工錢飯食等用。計自卅八年八月起至卅九年五月內止，共用銀四萬餘兩，因而虧空米石案情漸明。圖思德不勝駭異，便命派署糧道張鳳孫，永昌府周際清，麗江府吳大勳，署開化府文德，署蒙化同知宋惠綏，嚴加查訊。其查訊經過見於三十九年九月二十八日覺羅圖思德的奏摺：（註九）：「……據王錫供稱，上年八月十二日彰前院帶病來永，性情急躁異常，一切差使供應稍有遲延則差役人等即口出不遜，打駡辦差家人，不得已隱忍應付。雖院中每月發銀七十餘兩僅敷一日之用，竭蹶支持苦於借貸無門，所以連穀價都挪墊花銷，實出無奈。至所供應一切現有賬目可據，並有辦差家人王槐等可訊，不敢絲毫誣揑等語。復提王槐等隔別研訊，供無異詞。並據供交進供應各物皆經彰前院家人楊三、李二、戈七、周二之手，願與質對等情錄供呈送前來。臣查彰寶歷任封疆，受恩深重，即果因病情性乖張亦何至驕奢縱恣罔顧官箴若此，恐係王錫因其去任欲圖狡卸侵虧重罪，昧良污衊，并其中或更有王槐等浮冒開銷，用一登十哄騙王錫情弊均不可不嚴加根究。臣隨親率道府各員逐一研訊確情。據王錫及王槐等均各堅供如一，矢口不移，且其指證皆鑿鑿有據並與所呈賬目核對相符。臣復詢之舊在軍需局之前任糧道祝忻亦稱彰前院病後諸事任性，動輒嗔怒，道府等原知供應非是，不敢過問等語，是王錫所供似非盡屬誣妄；但查彰寶任滇已歷四、五年何忽於上年王錫任內勒軋供應致令虧缺累萬，或其家人乘伊主病中昏憒，通同在轅弁役擅作威福逼勒供應，飽橐分肥抑係彰寶明知故縱，自便營私均未可定。事關虧空邊儲重案未便據一面之詞即定虛實，除在滇應證人犯現飭提齊質審外，相應請旨勅下部旗將楊三、李二、戈七、周二拏解來滇以憑與王錫等質對，徹底根究以期水落石出，臣斷不敢稍有狥隱，自罹欺矇重譴……再署永平縣知縣沈文亨因何致虧之由，臣現在飭訊……。」清高宗批曰：「已有旨了。」圖思德奏請將王錫、沈文亨及祝忻革職嚴審兩摺，到了三十九年十月十四日（甲午）分別奉旨「……沈文亨、王錫均著革職，交與該撫李湖一併嚴審定擬具奏。」「……祝忻係總理局務之員既經彰寶批局親盤。乃並不盤查確實遽請加買，顯有扶同冒濫情弊，不可不徹底根究。祝忻著革職，交與該撫李湖嚴審定擬具奏。」（註一〇）到了戊戌（十八日）又下一道論旨傳諭彰寶令其明白回奏：「……此項虧空軍需等米穀至七萬八千三百餘石之多實出情理之外。彰寶向來辦事尚屬認眞，何以於此案率據該道批准；而於虧缺如許之多，又不能查出頗不類其平日所爲。已就近傳諭彰寶令其明白回奏。至此項虧缺，自應於兩縣及該道名下賠完，仍令該署督等於此案審結後妥議具奏，將此由四百里傳諭知之。」（註一一）清高宗得知王錫呈出賬目內皆供應彰寶行署中一切用度及隨帶弁役轎夫戲子工匠等費時，於三十日（庚子）再下諭痛斥彰寶外並嚴責雲南巡撫李湖不能及早奏聞，因令李湖即速回奏明白：（註一二）「諭軍機大臣等：……自上年八月起至本年五月止，約共用銀四萬餘兩等語，實堪駭異。該省自前歲朱一深錢度一案（註一三）大創懲，意必稍加儆惕；不謂整飭未久，復有此事殊出情理之外。該撫李湖同在一省，彰寶狼藉若此，豈毫無見聞，何以並未奏及；況彰寶在永昌患病李湖曾往看視，其於彰寶情性乖張勒索供應等事，所見尤應親切，何竟若罔聞知；且圖思德到永昌未久即能查出彰寶種種情弊，李湖在滇同事數年豈得謂全未窺其影響耶。李湖係朕加恩特用之員……是以特加賞識洊陡兩司擢爲巡撫。今於彰寶婪索款跡竟至代爲徇隱並不據實奏聞，豈有因地遠官高如此改節，實不類其平日所爲，殊非朕委任之意。著傳諭李湖即速據實明白回奏，毋再稍有欺飾，自逮重戾。」很明顯地，使我們瞭解到清朝地方督撫之間互相監視，並有向皇帝據實奏聞的義務，否則負有連帶責任。清高宗並於十月廿三日諭令刑部侍郎袁守侗隨帶司員姜晟、奇豐額一體馳驛前往雲南查審這一虧空穀石案。

李湖奉旨覆奏，但清高宗並不滿意，於三十九年十一月十七日（丙寅）實錄記載道：（註一四）「雲南巡撫李湖覆奏，彰寶在普洱染病，移駐永昌，其時隨帶標弁書役衆多，臣以爲皆係差遣辦事之人，伊廉俸豐厚，不疑其勒派屬員供應。及圖思德到永昌查出保山縣虧缺實數，將署知縣王錫收禁，始據王錫呈出供應賬目計四萬餘兩，臣不能及早覺察，請交部治罪。」得旨「該部嚴察議奏」。摺內又稱前在永昌接見道府各員，王錫亦在晉謁之列並無一語提及供應督臣食用。批「是何言耶！若俟屬員訐告現任上司則天下必無一貪黷之督撫矣，殊覺可笑。」又稱彰寶解任後，臨安府知府張鳳孫來省詢及永昌屬加買軍需穀石，據該府稱聞保山縣未經收倉者尚有數萬石，即飭令轉稟署督臣圖思德。又批「彰寶若不解任並此言亦無矣，汝豈耳聾目盲，專待屬員之教導汝乎。」又稱臣與圖思德面商，王錫到任未久虧空如果屬實，當親盤確數嚴審，又批「遲矣！圖思德不似汝憒憒，待汝教導之人。」得知李湖備受指責，並交部嚴察議奏。

虧空案的結束

雲南巡撫李湖再三嚴究署保山縣知縣王錫等虧空根由，結果與初供相同，並且供應彰寶行署等物，指供鑿鑿實有證實，不俟刑部侍郎袁守侗等審訊覆查，清高宗即於三十九年十一月十八日下旨將彰寶革職拏問，並交刑部議奏，後遭處斬。詳見該日高宗實錄（註一五）「丁卯（十八）又諭前據圖思德奏署保山縣知縣王錫虧空兵糧米穀一案……因彰寶業已回京，傳諭詢問，伊堅稱實無其事，並將伊在永昌交中軍動用清摺呈出。因命侍郎袁守侗馳驛赴滇查辦後，再行降旨。並以李湖在彼豈無見聞，因何不及早據實查勘，諭令李湖明白回奏。今據覆奏稱，嚴究王錫虧空根由，據呈出供應賬目，自三十八年八月起至本年五月止，彰寶署中取用食物等項計四萬餘兩，係伊家人楊三、李二等收進，供指鑿鑿等語，是此事已有實據，不必更俟袁守侗奏到矣。除李湖已批交該部嚴察議奏並將朕硃批原摺發鈔宣示外，彰寶即著革職拏問交刑部，俟袁守侗審案奏到，嚴審定擬具奏。」彰寶因案奪官，逮京師、論斬，四十二年卒於獄。李湖也因案革任，帶布政使銜自備資斧前往四川軍營，會同鄂寶等辦理軍需事務以觀後效。

同案署永平縣雲龍州知州沈文亨，經嚴審得實，因其接收前任買補霉變及採買在民未交穀石結報實貯，又將倉穀私借在民并支給站夫口糧自行碾用食米，因而虧空穀石。後經審議定擬，照侵盜錢糧入己數在一千兩以上例，擬斬候，乾隆四十、四十一兩年秋審情實奉旨未勾。於四十二年二月二十三日因染患脾虛翻胃作瀉病症醫治不痊身死於雲南監獄。（註一六）

結論

彰寶以滿洲鑲黃旗人，歷任內閣中書，海防同知，布政使、巡撫、總督。乾隆三十七年授雲貴總督，一品大員廉俸不謂不豐，三十九年患病，清高宗派欽差御醫診治。高宗對他不謂不重視，居然在短短的十個月內（自三十八年八月至三十九年五月）勒屬供應達四萬餘兩之多，貪黷婪索之劣蹟，誠實堪駭異。雲南一省，前有布政使錢度刻扣銅本平餘，勒屬吏市金玉；後有總督彰寶勒屬供應。足見清代乾隆年間地方官吏貪婪成風，雖然清高宗再三下諭申飭嚴辦，但吏治敗壞，朝政中衰，已欲振乏力了。

【附註】

註一：清史第六册、列傳一百十九頁四三三四，國防研究院印行。
註二：宮中檔乾隆朝第二八七八九號，乾隆三十九年四月二十四日彰寶摺。
註三：宮中檔乾隆朝第二九〇二九號，乾隆三十九年六月九日彰寶摺。
註四：宮中檔乾隆朝第二九〇九四號，乾隆三十九年六月十七日李湖摺。
註五：宮中檔乾隆朝第二九五三一號，乾隆三十九年八月初七日覺羅圖思德摺。
註六：清高中純皇帝實錄卷九六五，頁十一，乾隆三十九年八月丙午（二十五日）諭。
註七：宮中檔乾隆朝第三〇〇三〇號，乾隆三十九年九月廿四日覺羅圖思德摺。
註八：宮中檔乾隆朝第三〇〇三一號，乾隆三十九年九月廿四日覺羅圖思德、李湖摺。
註九：宮中檔乾隆朝第三〇〇八六號，乾隆三十九年九月廿八日覺羅圖思德摺。
註一〇：清高宗純皇帝實錄卷九六八，頁五一，乾隆三十九年十月十四日甲午諭。
註一一：清高宗純皇帝實錄卷九六九，頁九，乾隆三十九年十月十八日戊戌諭。
註一二：清高宗純皇帝實錄卷九六九，頁十八，乾隆三十九年十月二十日庚子諭。
註一三：清史稿，卷三百三十九，列傳一百二十六　錢度「……仍左授雲南布政使。三十七年，監銅廠。宜良知縣朱一深揭戶部，告度貪婪，勒屬吏市金玉，上命刑部侍郎袁守侗如雲南會總督彰寶、巡撫李湖按治。貴州巡撫圖思德奏獲度僕持金玉諸器，自京師將往雲南，值銀五千以上；江西巡撫海明奏獲度僕携銀二萬九千有奇，自雲南將往江南，並得度寄子鄮書，令爲複壁藏金爲永久計；兩江總督高晉籍度家，得窖藏銀二萬七千，又寄頓金二千。守侗等訊得度刻扣銅本平餘，及勒屬吏市金玉得值，具服，逮京師。命軍機大臣會刑部覆讞，以度侵欺勒索贓私具實，罪當斬，命即行法。

註一四：清高宗純皇帝實錄卷九七一，頁五，乾隆三十九年十一月十七日（丙寅）諭。

註一五：清高宗純皇帝實錄卷九七一，頁八，乾隆三十九年十一月十八日（丁卯）諭。

註一六：宮中檔乾隆朝第三〇八八五號摺，乾隆四十二年三月六日署雲貴總督兼署雲南巡撫覺羅圖思德摺。

附表：乾隆三十九年九月雲南省永平保山兩縣虧空米石數量表

縣名	實缺	軍需	兵糧	合計
永平	應有	二三、〇〇〇石	一、二六六石九斗	二四、二六六石九斗
	缺額	全缺	全缺	二四、二六六石九斗
保山	應有	九三、六三〇石四斗	一五二、三八〇石五斗	二四六、〇一〇石九斗
	缺額	三九、六五八石	一四、四五二石八斗	五四、一一〇石八斗

共缺米石七八、三七七石七斗

清高宗乾隆四十三年山東義和拳控案始末

一、引言

清高宗乾隆三十九年（西元一七七四）八月廿九日山東壽張縣發生王倫爲首的民亂，自亂起至亂平，僅在一月之間。亂起時，王倫黨徒約有五、六百人，未及旬日已裹脅得衆至三四千人之多，破壽張、堂邑、陽穀等縣城，殺知縣奪城池，搶銀庫，署河東河道總督姚立德、山東巡撫徐績兵敗被困東昌城內，竟一籌莫展。高宗得知後立即授命大學士舒赫德乘前往南河督工之便，携帶欽差大臣關防馳赴山東平亂。由於舒赫德指揮若定，動員四省兵力達萬餘人衆，實施三面攻剿，自九月廿三日五更與王倫賊匪接仗，賊匪節節敗陣，到同月二十九日王倫見大勢已去遂自焚身亡。卅日賊目七人就獲，居民紛紛絜眷還鄉，王倫之亂乃平。由於六日平亂，故清高宗御製臨清歌有：「滋事一月平六日」之句。乾隆四十八年頒賜大臣「欽定剿捕臨清逆匪紀略」一部以記此事。由於王倫起事，「自稱收元之主，直紫微星，平日在庭院中或空屋內，運氣並練習拳棒，拜神與行磕九頭禮，能多日不食，常爲鄉人醫治邪病。王倫在地方傳教授徒約有三年光景；以練習不喫飯者稱爲文徒；演習拳棒稱武徒弟……。」

（註一）因此官方嚴禁百姓練拳收徒。茲後有關聚衆邪教便重加懲治，屢興大獄，牽連無辜亦在所不惜，眞到了聞拳色變的地步。四年後山東省冠縣便又發生了一件義和拳京控大案子。經由這個案子的探討，以使我們了解「王倫民亂」影響有多大。

二、案起

乾隆四十三年十一月廿日（丙午）起居注册云「……又步軍統領（提督九門步軍巡捕五營統領，統領掌九門管鑰、統帥八旗步軍，五營將弁，以周衞徼循、肅靖京邑、郎中各官掌勾檢簿書、平決諍訟。）奏山西民人張九錫呈控河南省採辦工科，官員藉以伊肥及內黃縣輕縱搶奪等語，應請查審一摺。奉諭旨此案著交胡季堂（刑部漢左侍郎）喀寧阿（刑部滿右侍郎）一併查審具奏，所有原告張九錫著交刑部，派司官一員押帶前往交胡季堂等查收質訊。至山東冠縣及直隸元城縣有民人楊姓等起立義和拳邪教，聚集多人之處並著周元理（直隸總督）、國泰（山東巡撫）迅速嚴查據實覈奏。其原控邪教等情節，俱著抄寄閱看。」（註二）

三、查拏拳犯經過

山東巡撫國泰奉旨即派委按察使于易簡等前赴冠縣，嚴拿義和拳楊姓。前經直隸督臣周元理咨會，訊明張九錫所供楊姓名字爲楊四海住居於碗兒莊。十一月二十八日于易簡率同濟南府知府呂爾昌，東昌府知府胡德琳及巡撫臣標遊擊保倫等赴冠縣，將該邑四鄉村莊煙戶底册逐細翻查並無碗兒莊名目，惟垜莊俗名垜兒莊，有楊明一戶，又名楊四海，該莊離縣二十五里。隨即馳赴該莊，親至楊四海家內，將楊四海及其次子楊玉珩、叁子楊玉常等拿獲。查其東西兩院、有瓦房二十九間、草房六間，並搜查各房內俱係糧食、柴草、牛隻、農具家伙，並無違禁不法之物。間有書籍賬本係不全四書、詩經、易經、武經及賣酒肉賬目，亦無經咒邪術神像等項。經審訊楊四海得供云（註三）「現在六十四歲，本名楊治明，於四十一年捐納監生，因平素鄉鄰向監生（指楊四海本人）借用物件不甚作難，人以和氣，呼爲四海。父親楊樹財死過多年，大兒子楊玉忠年四十歲，十月內赴江西販磁器去了，二兒子楊玉珩年三十六歲，在家做莊農，三兒子楊玉常二十七歲，是三十五年進的武生。家有地三頃，開海舖並賣蠟燭，兒子從前宰過豬。父親在日原會幾著拳，借此防夜看守門戶是有的。監生自小跟父親種地，閒時教過我一著半著，我並沒有學，如今都記不得了。監生在家種莊稼並不結交匪人，也不知什麼義和拳。監生祖遺原止一頃多地，實沒有聚衆斂錢的事，那張九錫並元城的童姓都不認得。……」經于易簡等訪查楊四海家中尙屬莊農並無不法情事，質之鄉保鄰佑亦僉供一。但國泰奏聞高宗卻云，（註四）「……該犯既供伊父會拳，在日自幼曾經教過並未學習，不知義和拳名色，然究係一面之詞。除批飭該司等再加確究，並於該縣地方詳加訪察，務使確切無疑，不得稍有疏縱外，理合先將現已獲犯查訊緣由恭摺奏聞……。」至十二月初九日即奉旨：（註五）「……拏獲楊四海據供，伊父在日會拳，借此防夜。伊自小未學，張九錫並元城童姓都不認得語。楊四海之父既經會拳，其人必非安份之徒，或曾經招人學習，以致有義和拳名色亦未可定。伊子亦斷無不隨同學習之理，所供未必可信，恐係畏罪支飾所稱，並不認得張九錫之語亦難憑信。如果該犯與張九錫素本謀面；則張九錫又何所見聞遽行控告，種種情節殊屬支離，著傳諭國泰即提集該犯嚴加確究，務得實情毋使遁飾。今張九錫已解赴豫省，著傳諭胡季堂等即張九錫詳細研訊與楊四海何時相識，曾否至其家，因何得知其傳習義和拳邪教。一面飛咨國泰查訊，一面據實奏聞。其元城童姓招供亦不認得，並著周元理質訊童姓，供詞是否相符一併移咨國泰辦理。所有國泰原奏著鈔寄胡季堂等及周元理閱看。」

直隸總督周元理前此奉旨派委同知福慶飛赴大名會同該道劉致中密訪查拏一面飭令按察使文祿前往元城查辦。當張九錫解過保定時又經文祿面訊張九錫所控童姓，名喚童國林，住元城隆華村地方，其教拳係馬畹滋。文祿等隨即赴元城將童國林拏獲，於十二月初八日經文祿劉致中司道提訊童國林後，文祿等稟稱：（註六）「……童國林現年六十二歲，自幼隨父童近喜佃種地畝爲生，也種過馬畹滋家地畝。乾隆三、四年間曾向小灘鎮居住之唐玉學過拳並習弓箭。有本村考武之翟治元、安守分二人亦跟隨學習。至乾隆八、九年間，因年歲歉收至肥鄉屯子堡傭工，有郝魁全要考試，曾叫伊教習拉弓練勁，俱係遠年之事。後即回本村種地，又充斗行經紀並無空暇教人。至乾隆二十四年，即與錢良翰在齊固村合開糧食舖，在店中貿易從未出外亦無閒人往來，並未見過張九錫。至三十六、七年因年老眼花回家居住，即令伊子在店照料。現在並無教拳聚集多人之事，亦不知有義和拳名色，現有地方鄰佑店夥俱可訪問對證等語……。」經道員劉致中同委員搜查童國林家內並無不法字跡亦無別項器械。經傳地方鄰佑及合開糧食舖的錢良翰質訊，得供（註七）：「……童國林，原係種地為生人尚誠實。其幼時如何習拳實在不知。乾隆二十四年即在糧食店內合同生理，並未結交外人情願具結。」並提翟治元、安守分、武生郝魁全等隔別研訊。翟治元曾於乾隆二十二年教過武生龐可均弓箭，又有李養性、龐洪亮、楊洪德三人學習未成，翟治元之子翟中武亦於四十年考進武生，其餘並未教過別人，矢供如一。隨又關提唐玉之子唐宗孔到案，據稱伊父久已移居山東朝城縣，病故已十七年，從前如何教拳彼時年幼未知等語。又提馬畹滋之子到案訊問，據供伊父馬畹滋是武生開雜糧店生理已於四十二年四月內病故。那張九錫是山西人，四十年三月裏販賣靛花曾來住過，後來他賃房屋開油酒舖，叫伊子張大在舖照管，自己販槐子往別處去賣。四十二年張大因病將舖關歇回去。上年十二月張九錫又來問及伊父已經病故，住宿一夜即去。伊父從前向張九錫說童國林的話並未聽見，不敢謊供等語。……」周元理據報後認為：「臣查童國林現雖貿易營生，其從前既經學拳平日是否安分，近年有無授徒不法等事尚須徹底跟詢。當即批飭該司將童國林及應訊人證委員押帶赴省再行親訊確情分別辦理。」由於張九錫原供並未認識童國林，稱係馬畹滋告知，而馬畹滋已於四十二年四月病故，張九錫於四十二年十二月到元城，已知馬畹滋病故，張九錫是否實有見聞確證抑係別有隱情，張九錫刻在河南，周元理另咨明喀寧阿審明以便跟究，至於童國林與冠縣之楊四海平日有無認識往來，也等童國林解到省城才一併研審確情後再移咨東省。

胡季堂、喀寧阿提解張九錫到河南開封，經審訊得知張九錫如何聞得義和拳的經過如下（註八）：

「……詳悉訊據張九錫供我所控義和拳邪教，因三十二、三年我在元城冠縣一帶做小買賣時，就聽得傳說元城冠縣有人收徒教習拳棒名義和拳，那時我沒有在意，也不曾打聽他們姓名。到三十九年十月間我販鹼到元城小灘地方馬晼滋店內住歇，與馬晼滋並他兒子及他姪孫馬惟芳說閒話，提及義和拳的事。馬惟芳等說他們龍化莊有鄰居童國林，向日教習拳棒，自從王倫事後官府查拿教習拳棒的人甚緊，如今害怕也不敢收徒了。還說有翟貫一的子姪，俱各考武，現在請的是山東冠縣武生楊姓教習弓箭。那楊姓武生的父親名叫楊四海也是拳棒教師，都是義和拳教內的人。他們收徒教習每人給錢三五百文等，所教的拳能百步打人。十一月裏到冠縣賣鹼，聞得人說果有楊四海住居埰兒莊，收徒教拳，如今把拳教也歇手了。他的兒子果有個武生與馬惟芳們說相同。今年我京控告河工派料並內黃搶奪的事呈內，寫著有幾款甚大過惡不敢跪報字樣，問官向我追問我就把義和拳供出，並說出童姓、楊姓爲首的話，那翟貫一忘記供指。至於楊四海，童國林、翟貫一我並不認識也沒到過他們家裏。馬晼滋已死，他兒子的名字記不得了，是實等語。」胡季堂等復將張九錫再四細訊，楊四海等所收門徒是何姓名，義和拳因何而起？是何解說？詳細指出以便詰究楊四海等使其無能抵賴。張九錫再供稱：「他們所收徒弟姓名數目實不能知，因何叫做義和，義合想來是取義氣和合的意思。我先雖曾聽見有義和拳卻不知是何人，這童國林等爲首的各姓及斂錢聚衆的事都是馬晼滋父子並馬惟芳向我說的。馬晼滋雖死，現有他兒子同馬惟芳可以查訊得的等語。」並飛咨直隸總督周元理拘提馬晼滋之子並馬惟芳及究出之翟貫一先行嚴訊。

有關張九錫控告河南各府派累工料，經胡季堂、喀寧阿查審得實，確係誣告。乃因張九錫生計艱難摭拾風聞無據之言，以代民伸雪，以求得名獲利。清高宗在四十三年十二月癸酉（十七日）的上諭說得非常清楚：（註九）「又諭胡季堂，喀寧阿奏查審山西民人張九錫控告河南各府派累工料一案，提訊曾經交料之司位東等俱供，只知每料千觔須價銀十三四兩並無折收銀十四兩之事。又運料赴工沿途拋撒，每千觔約折耗數十觔係屬常例，並無千觔只收二百觔之事。復嚴詰張九錫，據稱實因在河南年久貿易折本不敷度日，今見民間辦料艱難，思欲代爲伸雪。河南百姓必能感激得個好名，在此生理即可興旺獲利是以冒昧具控。現俟將所控內黃輕縱搶奪一案審結再從重定擬等語。朕惠愛黎元，臨御以來四十三年如一日，免漕蠲賦至再至三。偶遇水旱偏災，不惜多費帑金加意賑恤，即如今歲豫省河水衝溢，被水較重，先後撥給帑銀一百六十萬兩，又截撥江西漕米三十萬石。復截留本省新漕十萬石。今實力撫綏以期無致一夫失所；又念漫口所需物料較多，恐購備不易，興工之初即嚴諭地方大吏飭屬妥辦，毋得絲毫派累閭閻，復令於正價之外，每百觔加價五分，俾知踴躍。又慮本省延稽不敷採辦，令山東、直隸、江南三省辦運，其所以體恤之者實已無所不周。至於一切物料，勢不能不購自民間而按糧辦料又屬向來成例，百姓等自當共知感奮，且目擊本省被災，官爲施工辦料，凡屬有收之地尤應休戚相關努力辦公以相周濟；況豫省民風淳樸，更不宜有造言訐控之事。今張九錫以山西民人在豫貿易，乃因生計艱難，摭拾風聞無據之言，妄思代民伸雪以冀得名獲利，其情甚屬可惡不可不嚴示創懲以昭炯戒。至此等挾私誣告之伎倆，即讀書失志之徒恐亦不能免，一經欽差大臣查訊虛實自可立辦，必不致吏胥有擾民之患。奸民逞刁健之風；然亦足見朕平日勤求民瘼，閭閻疾苦無不周知，且偶有控訴即派員鞫勘從不壅於上聞，如此案張九錫之譸張爲幻，亦未嘗非揣測朕意，敢於架詞越控是朕平日如傷在抱之懷，實能見信於天下百姓，而民隱斷不致壅蔽。所謂觀過知仁，朕心轉因此而稍慰矣。除張九錫一案俟胡季堂等審結具奏後，該部按律定擬外，著將此通諭知之。」

四、審訊經過

茲就山東及直隸兩省審訊經過結果分述如后：

山東巡撫國泰於十二月十六日馳赴冠縣會同按察使于易簡，提犯楊四海嚴加審訊，並於乾隆四十三年十二月二十七日將審結山東冠縣楊四海習拳收徒一案定擬具奏，緣楊四海初訊時堅稱不會打拳，後經訪獲其表侄李鳳德、劉宗尼二名，提楊四海面加質訊，始不能抵賴，楊四海才供出實係向伊父楊樹財學會打拳，名叫紅拳並非義和拳名色，實無收徒教拳情事。國泰經審出實情始定擬具摺奏聞：（註一〇）「……據此臣查楊四海雖經學會亦無教拳情事，但該犯既能打拳，乃於屢加嚴審之時並不即爲據實供明有意狡飾。直至訪出拘到李鳳德等面質始不能抵賴，供認會拳，實屬刁詐。該犯雖因現在例禁甚嚴自知斂跡，但住居鄉僻之在，人皆知其會拳，安保其日久不故智復萌誘人煽惑，此等刁徒實未便容留內地致滋事端。應請將該犯發極邊烟瘴充軍，至配所杖一百折責安置。即其子楊玉常雖供止教翟中武等弓箭，伊若不誇揚其父會拳則元城之馬惟芳等，何由而知楊四海會拳。則楊玉常亦斷非安分之人，應與曾經學拳之李鳳德，楊士增等三名俱杖一百流三千里。劉宗尼、許文泰並未學拳應與無干之地鄰人等均予省釋，仍嚴飭該地方官力行查拏拳棒之徒，毋少懈弛以安良善……。」並陳明國泰於四日起程回省。

胡季堂、喀寧阿在內黃（直隸大名府西南）審案完竣後，十二月廿三日押帶張九錫抵直隸元城縣，帶同大名道劉致中知府莊鈞將馬惟芳提訊，據稱並未向張九錫傳說童國林、翟貫一、楊四海為義和拳邪教之事。隨就近提訊童國林之鄰佑及童國林夥計錢良翰等，俱供童國林等實係務農及貿易良民並無邪教之人。再質之張九錫，未能一一指實，而提供邪教之說係得之馬棟（馬畹滋之子）馬惟芳（馬畹滋之侄孫）。而此時因馬棟早經直隸總督周元理趕赴保定省城。胡季堂等遂將張九錫馬惟芳一併押帶，於二十八日馳抵保定。胡季堂喀寧阿遂率同司員並在省司道深加研鞫，始得實供，分別抄錄於后。（註一一）

「據童國林供稱並不認識張九錫，不知因何控告，伊現在並無教拳聚眾等事。惟從前二十二年曾考過武童又跟同已故民人唐玉學拳，尚有翟治元即翟貫一並安守分一同學過，原為住居鄉村防身守夜，並沒教過徒弟；只教過武生郝魁全弓箭，後充斗行經紀營生。自乾隆二十四年又與錢良翰合開雜糧店，如今已六十二歲，眼目昏花那有教拳聚眾的事，只求與張九錫質對。又據翟貫一供我與童國林同村居住，那張九錫從不認識。我兒子叫翟中武已進武學，那冠縣楊四海之子楊玉常也是武生，從前兒子考場原賃過楊玉常的馬跑遏子（即左右衝殺）。彼時同在武場，楊玉常指點兒子的弓箭也是有的，並未請他教拳。我從前考過武，因要練勁原與童國林們同學過拳，如今已隔二十多年從不曾教過別人的拳。後來曾教過龐可均、李養惟們弓箭。我們考武彼此指點原是有的，那敢做不法的事。質訊馬棟、馬惟芳，據供當日張九錫來住小灘鎮，在店中住著說閒話，我們曾說起童國林翟貫一從前原會拳脚，後來地方官查禁他們都歇手了。這原是無意中隨口說的閒話並沒明向張九錫說過他們是義和拳邪教收徒歛錢聚衆的事。」按審各官慮及童國林等少年時既經學拳自非安分之從，誠恐實係義和拳邪教因而畏罪狡賴，馬棟等扶同隱蔽，均不可不嚴加審究。經疊加掌責並撩刑嚇唬，仍各堅供不移。先提張九錫與童國林、翟貫一見面，果然互不認識。後再令張九錫與馬棟馬惟芳當堂質證。張九錫始吐實供如下（註一二）：「……義和拳邪教我原不能指實，所以呈子內並沒寫出。今蒙質訊只得實供，我從乾隆三十二、三年上在元城縣小灘鎮一帶做小買賣，並不認得童國林翟貫一。三十九年冬間，四十年春上我販靛往來小灘鎮，住在馬畹滋店內。那馬畹滋與他兒子馬棟及姪孫馬惟芳說閒話，原說起隆華村住的童國林、翟貫一從前會打拳，那翟貫一的兒子要考武，還請過山東冠縣楊四海的兒子楊玉常教過弓箭。如今地方官查禁教拳嚴緊，他們早都歇手。卻沒說教拳的名色，也沒說邪教的話。今年我在京呈控河工派料各事，呈內寫有幾款甚大過惡不敢跪告字樣，被問官再三追問我供不出來，就想起當日馬畹滋他們告訴教拳的事供報的。又恐只說教拳不甚重大，所以說他們是義和拳邪教，歛錢收徒聚衆，原想說得重大希圖聳聽的意思是實。」再加究詰，以求義和拳實有其事，但張九錫矢口否認不移，並供稱：「我因控告河南派累辦料恐其不准，多說幾項重大事情自然准理。這義和拳三字係我從前在冠縣時聽得人說王倫是義和拳，其實是義和是義合我原不知道的實。至於冠縣楊四海因聞他家離元城不遠，他兒子又在翟貫一家教過弓箭所以稟告在內，要見得人多以實我邪教聚衆的意思。今各人都在當面質對我實不能誣賴他們。我看童國林翟貫一同這些人都已年老，俱是村莊務農的人，如何敢賴他是邪教呢？我若早見過他們是這樣老實的人，我也斷不肯告了。我如今實在良心難昧已悔恨無及還敢不實說嗎？」經反覆究結張九錫惟有俯首認罪。再訊之各證佐鄰佑僉稱童國林等並無邪教聚衆之事，並情願具結公保。胡季堂等遂按律審結定罪如下：（註一三）「……其爲張九錫架詞妄控希圖聳聽已無疑義。查律載一應左道異端之術煽惑人民爲首者絞監候。又誣告人死罪而未決杖一百流三千里，加徒役三年。又例載驀越赴京告重事不實並全誣十人以上者發邊遠充軍。又遊手好閒不務本業之流，自號教師演弄拳棒教人及投教學習者，照違制律治罪仍枷號一箇月各等語。今張九錫因控告河工派累供出元城，冠縣有童國林等立義和拳邪教，聚集多人等情如果屬實，童國林等應照左道惑衆律擬絞。今審係虛誣應將張九錫依誣告死罪未決律杖一百流三千里加徒役三年。該犯另有誣告內黃搶奪之案按例亦止擬流，惟越控河工派累例發邊充軍，但該犯以山西民人在豫省貿易乃因生計艱難，摭拾風聞無據之言妄思代民伸雪以冀得名獲利，其情甚爲可惡，若僅依例擬軍殊覺罪浮於法，應從重改發伊犂給種地兵丁爲奴。查本年河工蒙皇上截漕發帑工賑並施，購料則破格增價，辦料則鄰省均幫，其所以體恤之者實已無所不周。豫省百姓咸知感奮。張九錫係外省游民輒敢譸張爲幻，妄思蠱惑鄉愚，若非明示懲儆恐無識之徒未能悉諭，應將張九錫鎖解河南，先於省會通衢枷號三箇月，開寫事由俾知該犯罪有應得，庶愚民共凜急公而良善益知大義。侯枷號滿日再將該犯照擬發遣伊犂爲奴。童國林、翟貫一、安守分等從前旣經演拳未便因其久經停歇即予免議，應將童國林、翟貫一，安守分俱照違例律杖一百枷號一箇月，滿日折責發落，雖在屢奉恩赦以前應不准其緩免。唐玉已經病故應毋庸議，餘屬無干概予省釋。至冠縣楊四海一案，山東撫臣現查審除將訊取供詞咨送該撫質訊辦理外，所有臣等會審緣由理合併案定擬並另繕供單恭呈御覽伏祈皇上睿鑒，勅部議覆施行。再臣喀寧阿於拜發奏摺後即帶同司員英善，郎若伊起程回京恭復恩命合併陳明謹奏。」奉硃批曰「該部議奏」。直隸地區的審訊至此也告一段落。

起先張九錫在山東冠縣賣　，聞得人說楊四海能打拳收徒之事，後經胡季堂等咨覆張九錫係經其同鄉在冠縣西門內開張油舖的李第三向其說。山東巡撫國泰即密傳李第三到案供明，據他供稱：（註一四）「三十九年冬間張九錫販賣土鹼到伊舖內住歇兩天。那時冠縣知縣把楊四海拏去，伊往看熱鬧，聽說因會拳棒，回來告訴張九錫的。伊與楊四海素不認識，平日也沒有聽見楊四海會拳棒教徒弟的事是實。」足見張九錫聽聞楊四海會拳之時也就是冠縣從前拘拏楊四海審訊之時，其事實並非無因，在此作一補記。山東義和拳控案至此告一段落。但朝廷嚴禁人民演操拳棒並未告終，案內的翟貫一仍逃不過被捕的惡運，八年後（乾隆五十一年）因緝拏大名府殺官劫獄的首犯段文經等，拏獲郝潤成、徐克展。經徐克展供出會拳的郅志遠即是翟治字貫一，經徐克展糾約入夥，指爲邪教離卦教首。爲跟緝段文經踪跡，恐係同教或能知下落，於同年十一月初三日經直隸大名道龍舜琴委員將翟貫一自省起解赴京，俟大名定案再行辦理。足見在當時會拳棒的人隨時都有災難臨頭眞後患無窮哩！

五、結論

山東義和拳京控案，純係江西商人張九錫爲貪求名利，摭拾不確風聞，逕行赴控，幾乎毫無根據，而朝廷卻欽差大吏查案，驚動兩省官吏，百姓人人自危，結果卻是虛妄誣控。練拳使棒，本是爲了防身守夜，考武的人更是練勁使氣的方法，想不到在清朝乾隆年間竟成爲邪教犯逆的標識，考其緣由仍「王倫民亂」的後遺。經由本案的探討，使我們知道當時地方官吏無能，善惡不分，罪犯捉捉放放，株連無辜，朝廷威信不彰，百姓生命財產不能確保的一般了。

【附註】

註　一：沈景鴻先生著：「清高宗乾隆卅九年山東臨清之民亂」一文　中華文化復興月刊第九卷第十期。

註　二：清高宗乾隆朝起居注册　乾隆四十三年十一月下二十日丙午。

註　三：宮中檔乾隆朝奏摺第三七〇五〇號　乾隆四十三年十二月五日國泰摺。

註　四：同註三。

註　五：清高宗實錄第一〇七二卷二六頁　乾隆四十三年十二月乙丑（九日）諭。

註　六：宮中檔乾隆朝奏摺第三七一三五號　乾隆四十三年十二月十一日周元理摺。

註　七：同註六。

註　八：宮中檔乾隆朝奏摺第三七二四〇號　乾隆四十三年十二月十七日　胡季堂喀寧阿摺。
註　九：清高宗實錄第一〇七三卷二頁　乾隆四十三年十二月癸酉（十七日）又諭。
註一〇：宮中檔乾隆朝奏摺第三七三五二號　乾隆四十三年十二月廿七日國泰摺。
註一一：宮中檔乾隆朝奏摺第三七三九四號　乾隆四十四年正月初五日胡季堂喀寧阿周元理摺。
註一二：同註一一。
註一三：同註一一。
註一四：同註一〇。

清乾隆朝癸卯廣西鄉試科代倩案探討

一、前言

明清以來，士子參加科考，由童子經縣試府試通過，再經各省學政錄取為前一、二、三等，稱為生員，俗稱秀才。由秀才應省鄉試得中者謂舉人，第一名為解元。舉人赴京應禮部的會試，得中稱貢士，第一名為會元。貢士再經皇帝御考殿試，共取三甲進士，一甲三名分別為狀元、榜眼、探花。次為二甲皆賜進士出身，再次為三甲賜同進士出身，再分別授以官，從此進入宦途，官運順利，既可以富家安命更可以光宗耀祖。因此社會上便以取得科名為榮。科舉考試掄材大比，期於得人，如有積弊，處分甚嚴。但為求倖進仍然有人千方百計的冒險作弊。乾隆四十五年（西元一七八〇）九月十二日清高宗遂下旨嚴飭各省巡撫凡遇大比必須努力稽查防閑，以肅清闈中積弊，使士子因而懷刑自愛，其諭曰：「……奉上諭鄉試為掄才大典，欲拔眞才先清弊竇。本年順天鄉試經搜檢王大臣奏，拏獲懷挾傳遞及頂名代倩不一而足，各犯已交部從重辦理用昭烱戒。順天科場特派王大臣等於磚門龍門逐次嚴查尚有此等弊竇，何況外省稽察搜查斷不能如京師之嚴密，該巡撫等職任監臨，摘弊妨奸是其專責。乃歷年披閱各該撫奏摺，惟今年富綱奏稱先於場前訪查積習出示禁諭並增築夾墻另開更道，於抬運人夫逐加搜檢，印用號戳並不假手吏胥等語，辦理較屬認眞。此外則均以三場無弊一奏塞責，並未見有查出懷挾傳遞頂冒之事。豈作奸犯科者惟順天有之而各省竟俱弊絕風清如此乎？實因各巡臣模稜市譽不肯認眞任怨耳，夫取怨於作奸犯科之人亦何妨乎。嗣後各省巡撫凡遇大比之期必須實力稽察防閑，如有前列弊端即當立時查獲，嚴加究治從重核辦。務令闈中積弊肅清，士子懷刑自愛，庶足以甄別人材振興士習。將此通諭知之，並令於每科引旨覆奏著為例。」（註一）足見清高宗重視科考作弊的肅清禁諭重申。但是乾隆四十八年（歲次癸卯）八月廣西鄉試，卻暴發了土司之子賄囑代倩的大案子。經由本案的探討研究可以發現清代科考漏洞百出，職官貪黷納賄的劣蹟了。

二、案發經過

廣西省癸卯科鄉試三場於乾隆四十八年八月十八日結束，經考官翰林院侍講吳壽昌，檢討孫玉庭督同分校各官遴選出闈卷四十五人，於九月初一日坼名發榜。在塡榜時，廣西巡撫孫士毅發現四十五人內，廩膳生（生員由公家發給糧食者謂之廩膳生）居十之八，而高中第一名之岑照卻係附生（於生員廩膳生額外增取者附於諸生之末謂之附生），心已生疑，且岑照查係土由州知州岑宜棟之子家道素豐，年只二十三歲，向無文名何能高掇第一，恐其中別有情弊。孫士毅即於九月初二日具摺奏聞並採取步驟如下：「……當取硃墨詳細閱看，文理極為老到自應壓卷。遂將岑照平日應試文字優劣若何詢之學臣查瑩，據稱該生不過文理粗通不能與各學士子弟爭勝。臣即向學臣衙門檢查岑照歲考及此番錄遺試卷與第一名三場墨卷核對筆蹟相符，至文理高下則相去竟屬霄壤，並非一日短長可比，是此次取中文字非本人所作無疑。查科場大典豈容稍有冒濫，況既校對文理斷非本人所作，其間必有傳遞代倩夾帶等弊。臣既查察及此未便因並無舉發不行據實參奏，應請將新中第一名岑照革去舉人以便從嚴審辦。現飭令兩司委員赴土田州將岑照飛提來省，務將文字來歷徹底查明是何弊竇。如係傳遞代倩夾帶等弊與內簾憑文取中之閱卷官原無干涉。所有外簾失察之提調、監試等官及臣職任監臨自應一併交部議處。事關科場滋弊除移咨督臣外，臣謹由驛四百里先行馳奏……。」（註二）奉硃批「已有旨了。」次日廣西考試官吳壽昌孫玉庭亦繕摺敬謹奏聞（註三），得旨「爾等但具文取中有何懼處」。九月二十二日清高宗頒旨「諭軍機大臣等據……科場大典自應關防嚴密掄取其才，豈容稍有冒濫。該撫既經查出岑照平日文理與闈中試作懸殊，其爲舞弊幸中顯而易見，著即將岑照革去舉人交該撫親提研訊徹底根究，按律定擬具奏。至所請外簾提調、監試及監臨失於覺察，自係伊等應得處分，俟孫士毅審明具奏到日再降諭旨交部分別議處。」（註四）

三、審訊情形

由於發現岑照闈藝與平日文理不符，經孫士毅據實奏聞並請旨將岑照革去舉人嚴審。不久自土田州將岑照提取到省城，孫士毅即委員研訊。岑照供稱首藝抄錄其師卜永祺窓稿，次藝係套用窓下做過爲高必因邱陵二句題文，三藝係抄錄讀過刻文現有底本在家。孫士毅以岑照鄉試三場均有底本情節可疑當經委員星呈赴田州查起各項書本並提卜永祺到省徹底根究，並具摺奏報。但該次具奏卻不爲清高宗所諒解，並於四十八年十月二十七日下旨深責，怪他敷衍塞責，顯有化大爲小之意：「……所奏殊非情理。前據該撫稱岑照闈墨甚佳，檢查該生科歲試卷與在場試卷文理懸殊顯有代倩夾帶等弊，是以奏請革審。何以此次奏到摺內僅稱係勦襲成文，敷衍雜湊顯有化大爲小之意，且鄉試中式必須詞理明順，粵西文風雖屬中平，此等試卷即儌倖獲中亦何至冠列榜首，其中或竟有別項弊竇均未可定。除正副考官到京就近傳詢外，著傳諭孫士毅徹底根究，並將岑照本房同考官嚴行查詢務得確情，據實審擬具奏，其中式卷即著送部查勘。」（註五）孫士毅委員赴田州查起岑照各項書本並提卜永祺到省，經查對該犯讀本並無前項三藝在內。經詰詢岑照言語支離。再問卜永祺，他也不承認做過首題，明係岑照狡詐卸罪。經撩夾嚇問，始據供出其有舊識曾興圖賄，向隨同永安州知州葉道和在闈之幕友湖北舉人曹文藻暗中說合，三場文字均由曹文藻代倩再由曾興轉遞岑照等語，該案至此稍有眉目。孫士毅並於四十八年十一月十一日具摺參奏「……請將永安州知州葉道和摘印嚴審，一面提取曾興到案並飛咨湖北撫臣姚成烈密拏曹文藻委員迅解來粵，徹底嚴辦，務使魑魅詭詐實情水落石出從重按擬具奏。永安州知州葉道和請旨革職，曹文藻革去舉人以便從嚴究辦。事關職官科場舞弊，謹由驛四百里馳奏。」（註六）奉高宗批旨「怪事已有旨了。」孫士毅於十一月十二日奉到十月二十七日上諭，即遵旨將查詢本房同考官及徹底根究岑照答應送銀圖賄曹文藻代倩三場文字等情形，仔細提審，並將經過情形具摺向清高宗報告：「……伏查本案臣於發榜查辦時，岑照本房同考官陽朔縣知縣張同履出闈在省，臣即向查訊有無別故，據張同履供實係憑文呈薦，經兩考官取中第一名並無暗通關節等事。臣以岑照係土官之子，內簾如有情弊斷不令其高列榜首致啓物議，況文字本佳其弊竇總在外簾，是以前次參奏摺內不復將訊問本房供詞敍入。……本月十二日正在嚴訊岑照葉道和如何通同舞弊實情，欽奉諭旨徹底根究，遂訊據岑照供稱，此番到省鄉試長隨曾興來寓道及跟隨伊主葉知州入闈辦理供給，一切可以代做文字。革生遂與之商量，如代倩得中送銀八百兩，如不中送二百兩作爲潤筆。曾興不肯，如代倩得中必要送銀一千兩，革生亦即允許。進場之後實係曾興於散給三場飯食時將文稿暗給等語。臣以所許之一千兩係送與何人並中式後曾否已經送給暨伊父岑宜棟曾否知情？據供出場後聞伊父有病即動身回家，先曾送過曾興銀五十兩不在一千數內，約定如果得中即設處銀兩赴省清交。伊父岑宜棟實不知情等語。臣復詰以所許之一千兩係送葉道和抑送曹文藻曾興？據供曾興向革生口稱自己不復再要謝禮，此外一切費用俱各在內不知曾興作何分送等語。訊據葉道和供稱此番蒙朱前院（朱椿於乾隆四十六年十二月至乾隆四十八年任廣西巡撫）派辦鄉場供給，每逢開門之日仍須收發本任事件，參員係捐納出身必須幕友隨同辦理。曹文藻在參員署中辦事已有兩年，是以將伊充作書辦帶同入闈，並不知曾興暗中與曹文藻說合代倩傳遞等事。但違例帶同幕友入場以致與長隨勾通舞弊，實是參員惛憒糊塗，該領重罪更有何辦呢等供。臣查辦理供給之員將幕友假充書辦帶入闈中情弊已屬顯然，況查葉道和前在橫州知州任內赴南寧府城謁見本府，其時岑照因探親亦在南寧彼此熟識，今又係葉道和之長隨幕友勾通作弊，本官斷無不知之理，明係因曹文藻曾興未到推諉卸罪，況葉道和旣與該犯熟識有必知情，旣已知情必有貪圖納賄情事。岑照家計本豐所許銀數應不止一千，其中定有不實不盡，俟曹文藻曾興先後解到逐一徹底嚴究，務使該犯等不留絲毫隱匿從重按擬具奏。……」（註七）至於岑照之父土司岑宜棟是否知情，等到本案水落石出之後，孫士毅再另爲參奏，並將岑照中式三場硃墨卷及所繕供詞進呈給高宗。該摺奉到高宗的硃批：「總送至部審毋致脫逃自戕。」後來孫士毅由於提解到曾興，始而究出了岑照主使代倩傳遞各實情，並使永安州知州葉道和脫不了干係。孫士毅四十八年十一月十八日的奏摺有詳細說明「……奏爲究出主使代倩傳遞各實情恭摺奏聞事，竊照粵西榜首岑照文理不符一案經臣提犯親審，已據岑照供認賄囑永安州知州葉道和長隨曾興說合曹文藻代倩傳遞中式不諱。惟葉道和因曾興曹文藻未到狡賴並不知情，經臣兩次恭摺（十一月十一日、十一月十三日）由驛奏聞在案。茲提到曾興，據供岑照到省，拜過葉道和兩次，所有場內舞弊一事係彼此當面說定，其曹文藻代倩三場文字也是葉道和親向曹文藻囑託，伊實係聽從葉道和指使向岑照說合傳遞是實。復提岑照葉道和質對，據岑照供此番上省鄉試因與葉道和向來熟識，知他辦理鄉場供給，曾拜過二次，原求他覓人代倩，若得中式願拜葉道和爲師另爲酬報，葉道和應允。八月初五日差長隨曾興來說，場中文字已囑代做是要重謝的，遂講定送銀一千兩。先給曾興二十兩，曹文藻三十兩不在一千兩內，三場文字均係曾興於散給飯食時傳遞是實。據葉道和供，實因與岑照向來熟識，此次岑照兩次來拜要尋代倩傳遞的人，若得中式情願拜爲老師。一時該死遂與寓中幕友曹文藻商量許他謝銀二百兩，曹文藻許允。岑照額外給曾興二十兩，曹文藻三十兩。那一千兩是要中了回家取來的是實各等供。臣查前此據葉道和供稱係幕友長隨勾通舞弊，伊惛憒糊塗不能覺察尚爲情理所有，今提到曾興三面質對據供出岑照與葉道和當面商量作弊，復指使曾興往來說合各實情歷歷如繪。葉道和以現任知州藐法圖利一至於此，係從來科場舞弊所未有，實爲天理王法所不容；倘岑照取中名次稍後不復懷疑竟可遂其慾壑倖逃法網。臣不勝心寒髮指除飛咨湖北拏解曹文藻來粵嚴質外恐該犯曹文藻尚未到家，途次聞風遠颺，復飛咨湖南撫臣伊星阿沿途截拏迅速解粵，按擬具奏。……」（註八）奉旨「已有旨了。」並附片聲明查封葉道和任所，飛咨湖北撫臣姚成烈將葉道和原籍江夏縣家產查封具奏，並督率署臬司周廷俊將岑照葉道和和曾興再行逐一嚴訊俟曹文藻解到質對明白後從重按擬請旨。而該附片奉旨「是」。清高宗接到孫士毅同年十一月十一日「奏請將永安州知州葉道和革職曹文藻革去舉人嚴審究辦。」的摺子，遂於十一月廿五日（壬子）下了兩道諭旨指示此案非外省所能完結，要孫士毅等將案內應訊犯證一併派妥員迅速解來京，交大學士會同該部嚴審定擬具奏。內容如後：「據孫士毅奏查審舉人岑照科場舞弊一案，係串同永安州知州葉道和家人曾興照應，向隨同葉道和在闈之幕友湖北舉人曹文藻代倩傳遞。請將葉道和革職，曹文藻革去舉人嚴審究辦等語。科場舞弊久經嚴切申禁，功令森嚴，乃該犯等公然賄囑肆行無忌，葉道和以現任職官敢於串通舞弊，保無賄囑等情，實屬怪事，不可不徹底嚴辦審究以示懲儆，此案非外省所能完結。葉道和著革職，曹文藻著革去舉人並案內應訊犯證均著該撫等一併派委妥員迅速拏解來京，交大學士會同該部嚴審定擬具奏。同日諭軍機大臣等據孫士毅奏岑照科場舞弊一案係永安州知州葉道和之幕友家人串通賄囑代倩傳遞，一面將葉道和摘印嚴審，一面飛咨湖北撫臣密拏舉人曹文藻迅解來粵徹底嚴辦等語，已明降諭旨矣。當此功令森嚴之際該犯等敢如此公行無忌串通舞弊，情節甚屬可惡。此案非外省所能完結，著傳諭姚成烈即將舉人曹文藻解來京審訊，毋庸解往廣西。如已起解亦即追回轉解。其案內要犯岑照、葉道和、曾興並應行質訊犯證，著孫士毅即派委妥員迅速解京交大學士會同刑部徹底審辦，沿途嚴密防範，毋致有疏虞自戕等事。至孫士毅係鄉試監臨，雖有失察之咎；但審辦此案能究出實情，尚屬認眞，將來定案時其處分自邀寬典也。」（註九）

四、審結

乾隆四十八年十二月初二雖因湖北巡撫姚成烈來咨曹文藻並未回籍現在密訪嚴拏另解，但廣西巡撫孫士毅認爲本案係科場舞弊情罪重大，且經其督同司道節次嚴訊各該犯都直認不諱，未便因曹文藻未獲而致令重犯久羈，在未接到淸高宗十一月廿五日的諭旨前，孫士毅遂於該日（十二月初二）審擬具奏，並將本案的來龍去脈詳細審出，奏摺內容節錄於後：

「……臣隨提葉道和岑照。岑照係土田州知州岑宜棟長子，乾隆四十三年歲考進學，四十四年十一月在南寧府城探親，其時署理橫州事永安州知州葉道和因詣見本府亦在南寧，岑照往拜認識。四十八年七月岑照來省鄉試，適葉道和調辦文闈供給在省，岑照即在葉道和寓所連拜二次，囑託葉道和尋人代倩，願出銀兩相謝并許中式後願拜葉道和爲師另爲酬謝，葉道和應許商量。隨與同到省城之幕友湖北舉人曹文藻密商，令曹文藻充作書辦跟隨入闈，爲岑照代倩三場文字，如果得中謝三百兩。曹文藻貪利應允。葉道和密令長隨曾興知會岑照并說明於散給湯飯時將文稿折小粘在碗底遞給。又與岑照議定中式後謝銀一千兩，岑照額外交曾興銀五十兩，內二十兩給曾興，三十兩給曹文藻不在議定一千兩之內。入闈後三場題目曾興送與曹文藻代倩並於散給湯飯時將文稿粘在碗底遞給岑照。巡綽官等因曾興係供給官家人例得分給湯飯並未覺察。塡榜時臣見岑照以附生列名第一且詢係土田州岑宜棟之子，素無文名心竊懷疑，因向學臣查瑩面詢，據稱岑照不過文理粗通，斷難幸中榜首。遂檢查歲試錄遺各卷，文理相去懸殊，當即奏請斥革嚴審。茲先後提到岑照曾興當面質對，無可狡賴，據供認前情歷歷如繪，質之葉道和亦俯首無可置辯，嚴訊至再似無遁情。查例載鄉會試同考官及應試舉子有交通囑託賄買關節等弊問實斬決，又律載枉法贓無祿人一百二十兩絞監候，又例載說事過錢者與受財人同科，又例載許財營求者已交之贓在受財人名下著追；未交之財仍向許財人名下著追各等語。茲葉道和雖非同考官但以現任知州派委在闈辦理供給，膽敢私見應試舉子面議代倩傳遞等事，復主使長隨曾興講定千金重賄，將幕友舉人曹文藻假充書辦帶入場中代作三場文字，又令曾興傳遞暗給，如此奸詭百出目無法紀實爲從來舞弊所未有，與同考官交通囑託賄買關節者，其情罪有增無減。岑照係土田州長子世受國恩理應守法安分，乃來省應試拜謁官長許給千金重賄，營求鑽刺令人代倩傳遞中式，與交通囑託賄買關節問實斬決例，擬斬立決請旨即行正法以昭烱戒。曾興除已得贓銀二十兩曁傳遞文稿罪止充軍輕罪不議外；其說合行賄係科場舞弊非尋常說事過錢可比，現在葉道和岑照俱擬斬請旨即行正法，該犯曾與未便因係聽從伊主葉道和指使所許之贓尚未過交稍為寬縱，曾與合依說事過錢者與受財人同科，枉法贓無祿人一百二十兩絞監候，擬絞監候秋後處決。曹文藻一犯臣又飛咨湖南湖北嚴緝截拏獲日再行定擬追贓另結。又跟隨葉道和之俸升龍樹並不知葉道和岑照商量代倩及曾與傳遞情事應毋庸議。土田州知州岑宜棟雖不知伊子岑照在省賄囑代倩傳遞等事，但岑照科場舞弊皆由該土州平日約束不嚴之故，應與不能管教伊子葉道和之四川敘州府知府葉體仁一併請交部嚴加議處。岑照所許贓銀一千兩雖係口許之贓但賄囑代倩傳遞業已中式，應照例仍向許財名下著追，應著土田州岑宜棟如數繳出銀一千兩。同曾與所得銀二十兩，曹文藻所得銀三十兩一并入官。臣與提調右江道陸蒼霖，監試梧州府知府陸有仁同在至公堂均不能查出曹文藻假充書辦及曾與傳遞文稿，應請一併交部嚴加議處。再分號巡綽官文職係蒼梧縣安平鄉巡檢張霖，武職係撫標右營學習守備佘烈，俱不能查出曾與傳遞情弊，亦應交部議處。理合將審擬緣由並備錄供詞恭呈御覽……。」（註一〇）奉高宗批諭：「三法司核擬速奏」。而在夾片內說明本案定擬先請正法的緣由係顧慮「本案葉道和岑照情罪重大例應斬決，該犯等自知法所難容，萬一自戕便得倖逃顯戮。現在案情已經水落石出是以臣謹援巨盜案內已獲數名即先請正法之例定擬具奏。其曹文藻尚未弋獲，遵例暫緩定擬謹附片聲明……。」到了同年十二月初一日湖北巡撫姚成烈奏聞，於十一月二十九日經署江夏縣張璿稟稱在水路篺洲地方船內將曹文藻拏獲，遵旨飭司遴委署江夏縣縣丞李烜，武昌城守營守備陶中正即於十二日初一日將曹文藻嚴行押解赴刑部投收。

㈠查封永安州知州葉道和家產財物

依據廣西巡撫孫士毅四十八年十一月十八日所具奏的夾片所請：「……該犯（葉道和）既藐法圖賄希冀肥贍身家，所有伊任所資財以及原籍家產財物自應一律查封入官從重辦理。該犯在省隨帶行李臣督同署按察使鹽法道周廷俊查封交貯司庫。其任所永安州資財什物，臣現委署布政使臬司杜琮星飛前往嚴密查封毋任隱匿寄頓，俟造册解省一倂先行列單具奏。並飛咨湖北撫臣姚成烈將葉道和原籍江夏縣家產查封具奏。……」（註一一）奉旨「是」。湖北巡撫姚成烈於十一月二十六日接到孫士毅的查封葉道和原籍家產的咨文，當即率同司道並府縣各員前往江夏縣查封葉道和的家財，並於十二月初一日上摺奏聞，其內容如后「奏……查得葉道和親屬俱在任所，本籍止有葉道和之父（葉體仁）存留家丁耿陞一人，隨即密詣耿陞屋內將衣物逐一查點起出葉道和存交屋契二紙幷耿陞自存莊宏遠承頂范軦等四川鹽井契約一紙又范軦等合約一紙。隨提訊耿陞據供伊故父耿貴投充葉道和之父親任四川敍州府知府葉體仁爲僕，長子葉道中係江西撫州府照磨契眷在任，次子即葉道和家屬俱在廣西任所未經分家。葉體仁有江夏縣橫街房屋一所。葉道和有自買漢陽縣董家巷房屋一所均經葉道和陸續出典與龔湄君，段追文、陳立本三姓居住，共得價銀一千三百餘兩，所存橫街屋內粗笨器具即立交單寄存龔湄君段追文家內看管。又葉體仁有江陵縣田四百餘畝托麥憲章經管。葉道和有八分山坟地一塊、築有生壙。至舊存范軦交關契約二紙是故父耿貴遺下未知原委，此外別無財產隱匿，嚴加詰訊仍執前供。除先飭武昌漢陽二府將各房屋器具逐一查封幷弔取各典主契單驗訊。其江陵田四百餘畝飛飭荊宜施道督同該府縣嚴密查辦外，臣思該參員既力能捐納知州其爲人又藐法貪賄雖家屬俱在廣西但耿陞既所信任必另有田產銀兩及珍貴物件交令管理，所供殊難憑信；況葉道和父子兄弟向未分居恐有交存伊父伊兄處財物且耿陞又存有范軨契約；而范軨即係四川敍州府富順縣人，更恐與葉道和父子別有交涉，均應確查辦理。臣一面親提耿陞嚴加覆訊幷督飭司道府嚴密訪查，一面飛咨四川督臣於葉體仁任所查明四川承頂鹽井情由及葉道和有無存留財物幷咨明江西撫臣於葉道中任所一併查辦外……。」（註一二）葉道和在廣西桂林省寓及永安州任所的資財什物也經查封，經過情形由孫士毅於四十八年十二月初二日具摺奏聞「……臣督率署按察使事鹽法道周廷俊將葉道和省寓資財什物逐一查封。又委署布政使按察使杜琮督同平樂府知府玉德等前赴永安州任所嚴密查封幷起出當票及押抵各物底單一幷查起封貯司庫。第思葉道和在任多年父兄均爲職官，今查封各物爲數無幾，該犯貪婪成性所有必不止此。現在將伊家屬再行隔別嚴訊如有隱匿寄頓情事務令一一供出使貪黷奸詭之員無所施其伎倆。並查伊親父葉體仁現任四川敍州府知府胞兄葉道中現任江西撫州府照磨平日保無人往來寄存之事應請勅下四川江西督撫，詢問葉體仁葉道中有無受寄銀錢什物據實呈出照例辦理。葉道和暫行抵押各物雖事在犯案以前，但抵押並無票據自應將物件照數追出歸入該犯名下入官。至各當舖典質之物均有憑票，其衣物等項已造入册內委員一併解京自應歸還當本以免累商，該犯業經查封家產無項給還當本。查葉道和科場舞弊至於此極，皆由伊父葉體仁平日不能管教所致。所有當本一千一百九十八兩可否請旨交與四川總督臣李世傑轉飭該犯之父敍州府知府葉體仁照數賠出迅即解粵給還當舖各商似爲平允……。」（註一三）

(二)諸犯起解進京交刑部審辦並結案

除了革去舉人的曹文藻已如前述，經湖北巡撫姚成烈委員於乾隆四十八年十二月初一日押解進京外，岑照、葉道和、曾興等雖於十二月初二日經廣西巡撫孫士毅從重按擬具奏，而於十二月初七日接到十一月二十五日將各犯迅速解京交大學士會同刑部徹底審辦的諭旨、孫士毅遂遵旨派委署興安縣顧沂押葉道和，按蔡使司獄龍佩芬押解岑照，臨桂縣典史嚴成坦押解曾興并跟隨葉道和入闈之俸升龍樹，因俸升龍樹雖經嚴訊並不知情但既跟隨入闈自應一併解京。率於十二月初八日自桂林府起程迅速前進。清高宗不待葉道和解到刑部，便於十二月初四日傳諭沿途各督撫，於葉道和解到之處派委大員將其處斬，認爲他以現任知州竟敢藐法圖利勾通舞弊，情罪重大。「諭軍機大臣等據……等語，葉道和以現任知州場內承辦供給，竟敢藐法圖利勾通舞弊，實爲從來所未有，情罪甚重，既據該犯自行供認明確，即應決不待時，未便稍稽顯戮，前經降旨。今孫士毅將此案要犯派妥員迅速解京審辦，現在諒已起解，著傳諭沿途各督撫接奉此旨，即派委大員於葉道和解到之處不拘何地，傳旨將該犯處斬具摺覆奏。其案內岑照、曹文藻、曾興並應行質訊犯證，仍遭照前旨妥速解京交部審辦，沿途嚴密防範，毋致有疎虞自戕等事，將此由五百里各諭令知之。」（註一四）廣西巡撫孫士毅於十二月十五日承准大學士公阿桂等字寄上項諭旨即於十二月十八日覆奏：「……葉道和等各犯，計期應在湖南衡永等府境內，該省自必先奉諭旨派委大員欽遵辦理。」（註一五）同樣的，本案重犯岑照於四十八年十二月廿八日在湖北省江夏縣也遭到處斬的命運。「……臣於十二月廿七日接准部咨令將廣西賄囑代倩傳遞之岑照所經過地方遵旨即行正法，並將處斬緣由恭摺具奏等因。臣當即飭委糧儲道郭世勳馳往交界地迎截辦理去後。茲據該道詳稱於二十八日行至江夏縣交界之山坡驛地方，遇委員等押解岑照到境。訊明實係該犯正身，隨恭宣諭旨即時處斬示衆訖。至曾與一犯臣仍諄飭護解各員嚴慎押解至京……。」（註一六）餘犯皆解京交刑部。

廣西巡撫孫士毅四十八年十二月初二日本案審明定擬一摺，經清高宗批交三法司覈擬速奏。於十二月十九議覆「已依議行矣」。岑照之父岑宜棟因失察伊子岑照科場舞弊，吏部原議以革職，清高宗下旨仍留本任，其理由是這樣的：「……廣西土知州岑宜棟失察伊子岑照科場舞弊，平日不能拘束管教，吏部議以革職固屬照例辦理；但念其伊子囑託代倩傳遞之處究不知情，且承襲土官已久並無過犯未忍遽行褫革，岑宜棟著加恩仍留本任。嗣後務宜謹飭守法奉公以副格外施恩至意。」（註一七）岑宜棟感於皇恩浩蕩情願自行議罰銀十萬兩。而後清高宗在廣西巡撫孫士毅四十九年一月廿八日奏爲敬宣恩旨據實奏聞事摺加硃批「免其一半可也。」遂成定案。查封葉道和家產方面，在清高宗以「子罪不及父」及「從來緣事獲罪之人兄弟不相及」的諭旨下，除葉道和自置產業分晰入官外，其父葉體仁及其兄葉道中的產業均分兩股，一股給還一股入官。並下旨令葉體仁繳出銀一千零七兩以免房屋地土召變給還之煩。因廣西巡撫孫士毅舉發本案有功且辦理認眞，非但科試監臨失察之咎可寬而奉旨交部議敍。學政查瑩隨同舉發亦奉旨加恩免其議處。本案至此遂告一段落。

五、結　論

「鄉試」是清代士人出仕爲官的主要途徑，爲此天下莘莘學子無不寒窗苦讀，但地方職官每每貪取索賄，營求私利，遂而科場舞弊叢生，誠爲科舉制度的垢病，進而影響科試的公正公平。雖然科試弊竇向爲朝廷所再三嚴禁，但科場中拏獲懷挾傳遞及頂名代倩卻不一而足。經由本案的探討，使我們知道清高宗乾隆朝鄉試舞弊的嚴重性，地方官爲了個人的私利竟不顧掄才大典的公正，私囑屬下舉人代倩。而士子竟持財圖賄，媾結鄉試幫辦，以求倖進，個人寡廉鮮恥的作風，實今古傳奇。足見清代乾隆年間學風敗壞，官吏貪黷的一般了。

【附註】

註一：宮中檔乾隆朝奏摺第〇四五六八五號，乾隆四十八年八月廿五日江蘇巡撫閔鶚元摺。

註二：宮中檔乾隆朝奏摺第〇四五七二七號，乾隆四十八年九月初二日廣西巡撫孫士毅摺。

註三：宮中檔乾隆朝奏摺第〇四五七三七號，乾隆四十八年九月初三日廣西考試官吳壽昌、孫玉庭摺。

註四：清高宗純皇帝實錄（二四册）卷一一八九，頁十一，乾隆四十八年九月庚戌（二十二日）諭。

註五：清高宗純皇帝實錄（二四册）卷一一九一，頁二十二，乾隆四十八年十月乙酉（二十七日）諭。

註六：宮中檔乾隆朝奏摺第〇四六三九五號，乾隆四十八年十一月十一日廣西巡撫孫士毅摺。

註七：宮中檔乾隆朝奏摺第〇四六四三四號，乾隆四十八年十一月十三日廣西巡撫孫士毅摺。

註八：宮中檔乾隆朝奏摺第〇四六四九九號，乾隆四十八年十一月十八日廣西巡撫孫士毅摺。

註　九：清高宗純皇帝實錄（二四册）卷一一九三，頁十四，乾隆四十八年十一月壬子（廿五日）諭。

註一〇：宮中檔乾隆朝奏摺第〇四六六六一號，乾隆四十八年十二月初二日廣西巡撫孫士毅摺。

註一一：同註八附摺。

註一二：宮中檔乾隆朝奏摺第〇四六六四八號，乾隆四十八年十二月初一日湖北巡撫姚成烈摺。

註一三：宮中檔乾隆朝奏摺第〇四六六六二號，乾隆四十八年十二月初二日廣西巡撫孫士毅摺。

註一四：清高宗純皇帝實錄（二四册）卷一一九四，頁七，乾隆四十八年十二月辛酉（初四）諭。

註一五：宮中檔乾隆朝奏摺第〇四六八七三號夾片，乾隆四十八年十二月十八日廣西巡撫孫士毅摺。

註一六：宮中檔乾隆朝奏摺第〇四七〇四〇號夾片，乾隆四十八年正月初九日湖北巡撫姚成烈摺。

註一七：清高宗純皇帝實錄（二四册）卷一一九五，頁十三，乾隆四十八年十二月戊寅（廿一日）諭。

清嘉慶七年兩廣總督覺羅吉慶自戕案之探討

前言

清代嘉慶一朝，軍備廢弛，將吏貪玩，以致教匪擾攘到處蔓延，實無政治之可言；因而民不聊生，此與乾隆朝和珅用事殆有直接間接之關係。嘉慶帝親政之初，雖屢降諭旨整飭吏治，但以清廉勝者未必能治事，覺羅吉慶的自戕便是一個很好的例子，嘉慶初年任兩廣總督之覺羅吉慶，雖居官清廉，宿爲廣東巡撫瑚圖禮所嫉，且察吏疏，因而所屬博羅縣重犯越獄司府徇隱，通省贓罰銀兩卻按縣大小派徵爲臬司（按察使）漏規。嘉慶七年八月添弟會在博羅永安等地相繼糾衆剽掠作亂，會匪雖先後平定，但因官兵撫勦手段不一，遂民怨沸騰，覺羅吉慶深受朝廷責難，屢遭詔斥、解任革職，聽任巡撫瑚圖禮鞫訊，覺羅吉慶遂憤而畏罪輕生。兩廣總督廉俸豐厚，職任優隆、吉慶自戕身死實屬大奇之事，嘉慶帝雖下旨徹查，奈因吏治疲玩，官官相護，因吉慶已死遂將辦理種種舛錯歸罪其一人，下旨云：「……吉慶係畏罪自盡與瑚圖禮無涉，詔免追論……。」（註一）雖將廣東巡撫瑚圖禮交部議處，僅予降一級留任，暫署兩廣總督，嘉慶八年二月仍回廣東巡撫任。瑚圖禮事後卻平步青雲，歷任湖北巡撫，升擢吏部尚書、刑部尚書、兵部尚書，嘉慶十九年十二月卒於禮部尚書任上。因此覺羅吉慶之自戕反而變成毫無意義。爲了探求覺羅吉慶自戕實際眞正之原因，並進而瞭解廣東地方會匪猖獗情形及地方官吏張皇失措剿撫無能的一面，特撰寫此文以探討之。

覺羅吉慶的生平節略

「覺羅吉慶，隸正白旗。父萬福，騎都尉、官江寧將軍兼散秩大臣。吉慶由官學生補內閣中書，遷侍讀歷御史。乾隆五十年嗣世職，擢鑲白旗蒙古副都統，累遷兵部侍郎命赴山東、湖南、湖北、河南讞獄，均稱旨，調戶部。……五十六年出爲山東巡撫……。嘉慶元年擢兩廣總督，劾水師提督路超吉不勝任，貶超吉秩。二年廣西西隆亞稿寨苗匪勾結貴州仲苗，竄踞八渡，率提督彭承堯進剿，克其要隘。……亞稿山路陡峻，選精卒由間道潛襲，克其巢，斬首千級，以功加太子太保，賜雙眼花翎。亞稿之捷，投誠者十餘寨。……六年，命協辦大學士，總督如故。……」（註二）

覺羅吉慶措施失當引起朝廷不滿的數端

㈠重犯越獄司府徇隱

廣東省博羅縣監犯越獄被獲，該縣知縣劉嘉穎匿不詳報，惠州知府伊秉綬，藩司常齡，臬司陳文並不照例揭參，彼此徇隱。這件事的發生係嘉慶七年（西元一八〇二）五月清仁宗（年號嘉慶）據廣東肇羅道孫燕翼奏報到任摺內夾片所密陳的。「本年五月內，據廣東肇羅道孫燕翼奏報到任摺內夾片密陳：博羅縣有監犯越獄，旋經拏獲，伊見該縣劉嘉穎向臬司陳文稟求，陳文令其押回審辦不必通報。又見陳文向藩司常齡說博羅縣典史聲稱若參伊一人，伊將全案和盤托出甚爲可惡。藩司回說前感恩縣典史陳華因挾制上司將他調煙瘴的，現在出缺可即將該典史（李清）調往示罰等語。……朕當親書密諭令吉慶，瑚圖禮確查覆奏。……」（註三）本來這件事尚屬風聞，經吉慶等查明覆奏，確係實有其事。吉慶瑚圖禮遭到清仁宗下旨嚴厲切責並交部議處。嘉慶七年七月癸巳（廿五日）諭內閣：「……茲據吉慶等查明覆奏，皆係實有其事，將藩臬府縣等分別參革，並自請嚴議前來。披閱之下，殊堪感歎，更深凜畏。各直省設立督撫原以糾察屬吏；惟在見聞周密，有弊必除，庶屬員知所儆懼，吏治自臻整齊。若必待朕先有所聞，降旨詢問，督撫始行查辦，則安用督撫爲耶。……今粵東吏治若此，而吉慶瑚圖禮竟懵然不知，直至朕指出情節嚴切密詢，伊二人始訪查得實。以此類推，則各省似此通同舞弊之事，或更有大於此者，未經朕聞知查詢因循不辦，又不知凡幾。……吉慶、瑚圖禮於所屬匿報重案及收受陋規無覺察，直同木偶，仍著交部嚴加議處。嗣後各督撫於地方吏治，務當隨時訪察釐剔弊端。如有作奸犯科之事即當據實嚴參，不得狥情袒疵，亦不可爲屬員朦蔽，以期大法小廉，副朕澄敍官方至意。」（註四）不數日即下旨將本案有關官員予以嚴厲處分。七年八月辛丑（初三）諭內閣：「……常齡於博羅縣絞犯越獄重案，既經臬司陳文告知並不據實揭參，已屬徇庇，復擅將該典史改調煙瘴，調停其事，實屬膽大妄爲，著照部議革職。吉慶、瑚圖禮於臬司借贓罰爲名收受陋規，及博羅重犯越獄匿案不報，俱不參辦，直至降旨詢問始行陳奏，均屬徇庇。吏部議以革任實降，皆咎所應得。姑念海疆重地，一時未便全易生手，吉慶從寬免其革任仍註册；瑚圖禮著從寬改爲革職留任。至惠潮道胡克家於所屬越獄之案，未經揭報咎止失察，亦著從寬改爲革職留任。」（註五）博羅縣越獄人犯拏獲後，由巡撫瑚圖禮督同司道飭司查明越獄人犯是行刧徐李氏家牛豬衣物案內，問擬發遣之游亞、陳漊，並將提參各員及刑禁人等到廣州，飭委廣州府知府福明等審明由代理按察使事之南韶連道朱棟會同布政使康基田審擬詳解到省，因吉慶在惠州督辦永安縣會匪，經巡撫瑚圖禮親審，於嘉慶七年十一月十七日吉慶與瑚圖禮會銜具奏審明定擬緣由，主要內容如后：

「……緣游亞、陳漊係博羅縣人，因聽從陳東生夥刧徐李氏家牛豬衣物，經該縣劉嘉穎拏獲訊明，同首犯陳東生等均依強盜已行得財律擬斬立決，聲明該犯在外接贓情有可原。於嘉慶六年十二月十四日招解惠州府審轉，該府伊秉綬以時屆封篆未及發回審辦，先發回監禁，俟開印後再審。該縣監倉柵口設有活柱一條爲出入啓閉之所，犯禁在內即用鐵鎖封固。二十六日晚候典史李清赴監驗明游亞，陳漊等鎖靠完固，將監倉柵口活柱封鎖飭令刑書胡陞，禁卒楊喜在內小心看守，更夫余亞遂在外巡更。是夜風雨交作，五更尤甚，胡陞，楊喜各因困倦睡熟，余亞遂進更舖躲避風雨亦即就寢。該犯游亞，陳漊起意脫逃，乘間扭斷鐐鐐擰脫柵鎖抽取活柱，靠在圍墻，扳越逃出。因恐髮長被人認識，將毡帽放下遮掩裝作畏寒情狀，混入衆人隊內出城而逸。比刑禁胡陞等於次早醒覺查尋無踪，禀知典史李清，轉報該縣劉嘉穎進監看明飭差追拏。適值前臬司陳文赴陸豐查辦案件經過惠州府地方，該縣劉嘉穎將前情面稟並向該府伊秉綬回明，均諭令上緊緝拏，如十日內無獲定行揭參。該縣劉嘉穎勒差購線，於嘉慶七年正月初十日在清遠縣將游亞、陳淒緝獲解回面稟。該府伊秉綬轉求前臬司陳文寬免揭參。仍將游亞、陳淒同陳東生等由府司解經臣瑚圖禮審題，續准部咨照擬核覆。此該縣劉嘉穎因該犯游亞，陳淒越獄脫逃旋即被獲懇求府司免揭匿不詳報之原委也……。本案因犯已捕獲，諱匿不報之知縣劉嘉穎及不小心防範致犯脫逃之典史李清并狥隱之知府伊秉綬按察使陳文，布政使常齡及失察之惠潮嘉道胡克家均奉諭旨分別革職治罪議處。按察使陳文因收受贓罰銀兩解交刑部審辦……。」奉旨「三法司速議具奏。」（註六）覺羅吉慶卻於同月廿日自戕身亡。

㈡粵東贓罰銀兩按縣攤派作爲臬司陋規

這項陋規銀兩的舉發，也是廣東肇羅道孫燕翼奏報到任摺內夾片所密陳的：「……又稱粵東贓罰銀兩竟按州縣缺之大小分派按季批解臬司以爲出息，陞任臬司吳俊素日得此陋規及陞任山東藩司時又派贓罰以作路費……。」（註七）嘉慶帝也密令吉慶瑚圖禮確查。同樣也經覆奏皆實有其事。嘉慶帝也於七年七月廿五日下旨切責：「……至外省一切陋規，早應隨時禁革，粵東借贓罰爲名，按缺派送銀兩，相沿已久，督撫並不查辦，一經朕詢問，始據實陳奏。可見此等陋規未經革除者尚復不少。今既經發覺即不能置之不辦。……臬司陳文……且經收受贓罰銀兩，陳文前因年老難勝臬司之任，已令來京候旨即著革職交刑部審訊治罪。現在行抵何處，著該省督撫派員管押來京。升任山東藩司吳俊於廣東臬司任內既經得受贓罰銀兩，起程時又復將此項作爲路費，實屬卑鄙亦著革職。令祖之望委員管押來京，刑部治罪。……」（註八）吉慶瑚圖禮因此案與博羅縣絞犯越獄重案，經吏部議以革任實降，清仁宗恩旨分別處以從寬免其革任仍註册及從寬改爲革職留任。兩任臬司均革職解刑部問罪，但究係津貼公用，均從輕發落，因此該項弊端並不爲重，茲將吳俊陳文有關的諭旨摘錄於後：嘉慶七年八月廿五日有關前臬司吳俊的諭旨：「奉上諭刑部奏審訊已革藩司吳俊錄取供詞進呈，據稱廣東臬司衙門每年公用需銀七八千兩，該州縣向有贓罰陋規，爲津貼公用，曾經詳明督撫。向年多至二三萬兩，伊任內大加裁減，每歲以七千數百兩爲率。伊在兩年共收過銀一萬四千兩，實係作爲緝盜，懸賞及一切公用並無絲毫入己，有首府首縣可問。又捐辦米艇所挪庫項亦係將此項陋規盈餘補還歸款。至陞任藩司臨行時收受贓罰銀一千七百餘兩，因贓罰銀兩各州縣未經解到時先將自己所得養廉並挪借他款墊發，起身時適各州縣到即將贓罰銀一千兩扣歸各款，餘銀七百兩補還伊所墊養廉作爲路費等供，但係一面之詞遽難憑信，此項贓罰銀兩吳俊任內既大加裁減且此項銀兩作爲臬司衙門公用，從前詳明督撫有案，即督撫衙門書吏亦以此作爲津貼工墨之用，吉慶瑚圖禮何得委爲不知，直待朕降旨詢問始行奏出乎。……至吳俊所供收受贓罰銀兩皆係公用，現有首府首縣可問，無難一詢而得，其起身時收受贓罰銀一千七百餘兩，是否以一千兩，歸還墊發款項以七百餘兩扣歸伊墊過養廉作爲盤費，並著吉慶瑚圖禮秉公據實查明迅速覆奏，以便按律定擬……。」（註九）至嘉慶七年十一月七日原任廣東臬司陳文業經審訊，也因收受贓罰銀兩尚未違逾不予追究。僅因博羅監犯越獄不即按例參辦，下旨著加恩令其自備資斧前往湖廣效力贖罪。……「奉旨依議，陳文在廣東臬司任內計九個月，收受贓罰銀一千九百餘兩津貼公用，核之向來每年奏准報銷二千二百兩之數，尚未違逾。至博羅監犯越獄一案經該府伊秉綬向陳文禀知，陳文不即按例參辦，固屬扶同徇隱；但伊秉綬於此案僅止革職，陳文係屬臬司其咎究比知府輕，業經革職，免其治罪。著加恩令其自備資斧前往湖廣交與吳熊光差遣委用效力贖罪。……」（註一〇）此案至此終告一段落。

(三)博羅永安等處會匪辦理謬誤

清乾隆朝初期，民物豐阜，小民生活安樂，蓋以斯時爲極盛。乾隆帝累次南巡，供億繁奢，民生漸趨凋敝。中期後又加和珅當國，賄賂公行，影響所及，吏治敗壞，因此民間財賦盡充私囊，而人民處此情況之下乃不得不流爲盜寇，川楚教匪遂爲猖獗。嘉慶朝，承其餘流，社會之現象愈覺不安，蓋人民連年困苦於刀兵之下，不能從事耕殖而生產之力大減，又加河道屢決，饑饉洊臻，物價人口增加，民生困難，故地方教匪會匪之亂，皆言官偪民反爲藉口。會匪異常橫行。廣東惠州府地方之會匪，發生於嘉慶七年八月，起因，廣東巡撫瑚圖禮之奏報較爲詳實，摘錄於後：「……粵東地處海濱，民情獷悍與內地迥殊，結黨拜會者各處多有，其初不過糾約遊手無業之徒，以強凌弱，以衆暴寡，僅止搶刧而其傳習之邪書盟詞，則語多狂悖，跡及鄰於叛逆。及到案審訊時，據供多係輾轉抄寫，莫能追究其創始之人，此向來辦理會匪案件之實情也。此次歸善之陳亞本，永安之曾清浩等其情形不過如此，而其僞稱大王元帥等名目，則係習聞小說演義之言互相標榜以爲煽惑鄉愚引誘入會之計，初非眞欲謀爲不軌也。惟陳爛屐四一犯則家頗殷實，又居住羊屎坑，山勢險惡之地，實係蓄藏逆謀，平日雇人潛買硝磺配造火藥，又潛令人打造兵器，分黨四出焚刦村莊，鄉民被其殺害擄脅者博羅境內十數處皆然。及至官兵到彼則被山頭隘口處處設立寨柵，派令賊匪把守抗拒，其勢甚張。迨事敗逃竄被獲受刑時，該犯尚敢挺身承認，毫無懼怕之狀則罪大惡極實爲亂民之尤者也。……」（註一一）廣東省屬惠州府領州一、縣九計歸善、博羅、長寧、永安、海豐、陸豐、龍川、連平州、河源、和平等地，屬惠潮嘉道。歸善，博羅二縣地方添弟會於嘉慶七年八月糾結多人，製備器械並造有悖逆布旗，煽惑鄉愚脅從者竟達一二萬人，兩廣總督吉慶赴惠州督辦，陸續拏獲首夥四十餘名，並投出脅從者一百九十餘名。嘉慶帝接獲吉慶奏報後於八月廿二日下旨切責吉慶辦理不善，聲敍不詳實屬顢頇：「……又據另片奏稱歸善、博羅二縣地方會匪脅從者竟有一二萬人，現在歸善縣屬百姓安帖，博羅縣羊屎山內匪徒藏匿甚多，現已派調官兵前往嚴拏等語，所奏殊不明晰，此項會匪聚集至一二萬人之多，製有器械旗幟。其蓄謀自非一日，何以地方官竟漫無覺察。廣東吏治廢弛已可概見。吉慶即赴惠州督辦此案，自應將如何查辦曾否調動官兵，該匪等曾否抗拒情形一一聲敍，乃僅稱匪徒聞知總督到彼信息即紛紛投首，拏獲蔡步雲等審明正法結案，實屬顢頇，竟存將就了事之見。試思匪徒等既已糾集多人，僞稱陳亞本爲大王並有僞元帥、僞先鋒等名號，執持器械聚集海洲，山勢已兇橫，經地方營縣訪聞往拏，自必恃衆抵抗；乃一聞總督到彼輒束手就縛，恐無此情理，況據摺內所稱拏獲及抗首匪徒僅千餘人尚不及十分之一，而首犯陳亞本又被逃逸，自即與博羅縣羊屎山匪徒合夥。現在吉慶派調官兵前往查辦。約計該處匪徒尚有萬餘，則需調二三萬官兵方足以資搜捕。吉慶所調者究係何處官兵，爲數若干亦未提及僅以寥寥數語另片密奏殊不可解。即前次所奏布旗逆詞究從何處搜獲，摺內亦未聲敍，……但粵省會匪糾集朕早有所聞，節經降旨詢問始據吉慶奏明查辦，恐不獨歸善博羅二縣有之，倘會匪中有祇係結會歛錢並無謀逆搶奪情事者，或地方以少報多張大其詞，吉慶亦斷不可輕信遽行帶兵搜捕轉致釀成巨案；如係潛謀不軌，自當示以兵威擒捕淨盡不可化大爲小草率了事，以致養癰貽患，欲惜費而轉致多費也。著傳諭該督將以上指出各情節逐一詳細覆奏，毋得稍有含混。現在吉慶既不赴廣西此案責成該督即駐紮惠州妥速辦竣爲要。……」（註一二）歸善縣匪首陳亞本等逃逸與博羅縣羊屎山匪徒合夥，原博羅縣民人陳爛屐四糾結會匪一萬餘人以紅布包頭，時常潛出搶刼村莊擄捉良民，而博羅所屬之石灣善政司等處亦有同夥，此時更形猖獗。吉慶派令副將李漢升等前往搜拏，尚未至羊屎山便有匪徒千餘人出來迎敵，施放鎗砲。經官兵打死數十名後各匪畏懼逃回山內，但山口甚窄形成拉鋸戰。清仁宗於九月五日下諭旨指示吉慶迅速將此案匪徒辦淨以功抵罪？「……匪徒俱聚集山內未經竄散況山口路徑祇有一線羊腸更易堵截。現調各協營兵丁已有五千名，務須先將山口嚴密堵住並周圍分佈，使賊匪不能逸出，然後奮力進攻無難就地速行殲滅；倘稍有遲延或堵截不密，致匪徒乘間散出不但焚掠村莊易滋裹脅，且廣東別屬亦多有會匪，設聞風接應關係非小。吉慶當一面督率進攻，一面廣爲曉諭以陳爛屐四膽敢僞稱大王糾結夥黨抗拒官兵罪大惡極，本部堂（協辦大學士別稱）統兵進勦係誅捕叛逆首犯並非查拏會匪，伊等爲陳爛屐四所惑聽從入會，若不過歛錢吃齋，雖干例禁尙無大罪，如能及早悔悟自行投出則從前結會之罪槪不追問；若能將爲首之犯設法縛獻則不但貰其前罪並當予以獎賞；倘執迷不悟官兵進擊一律殲除悔之何及，如此明白宣諭或該匪等自行解散不敢仍前固結更可迅速完事。至該匪等聚集至一萬餘人，製有號衣器械，其蓄謀已久該管府縣及營弁等竟毫無覺察所司何事。吉慶自當嚴參示儆，何以摺內並未奏及？惠州距省城不遠該督亦竟無聞見，提督孫全謀駐箚惠州耳目更近，不能先事查察，伊二人均難辭咎，惟有即將此案匪徒迅速辦淨尚可將功抵罪，如稍有稽遲辦理未能妥善或致蔓延恐伊二人不能當此重戾也。……」（註一三）隨後吉慶奏稱分路進兵攻勦匪徒連獲勝仗，並稱提督孫全謀進攻伯公凹山梁鎗砲齊發，打死賊匪多名，拏獲會匪葉士生曾亞二兩名，又各處拏獲葉亞五等四名訊明正法，奪獲賊匪一百觔重鐵砲一門及鳥鎗器械數十件等物。清仁宗於九月十一日又下旨嚴責其虛報功績又蹈綠營積習……（註一四）「……祇稱……打死賊匪多名而於斃賊實在數目並未聲敍，該提督帶兵回營祇生擒賊匪二名可見打斃之賊並必有限，何得又蹈綠營虛報功績積習，尚稱連獲勝仗。至所稱奪獲賊匪一百觔重鐵砲一門及鳥槍器械數十件等物，該匪糾衆山內不過烏合之衆安得有百觔大砲非從營中搶得即係自行鑄造，自非臨時可以猝辦，該處地方文武官員平日漫無聞見，釀成巨案。吉慶平日既不能留心整飭，而於會匪起事之時又不即將該處文武各員弁據實劾參，已經朕降旨查問而吉慶此次摺內仍未提及一字是全不知以事爲事，廢弛一至於此。又據稱添調官兵三千名以便分投搜擒……係屬何處標營摺內亦未敍明。……再龍門增城亦有匪徒滋擾村莊是否即係博羅分竄之匪抑係另起匪徒，究竟共有若干人數，據稱撥兵緝拏亦未將派委何員之處敍明。又閱進呈圖內羅溪營係屬賊巢指羅溪營一處賊數而言；抑統計各處賊數而言亦未明晰聲敍。至另片奏孫全謀拏獲會匪葉士生曾亞二兩名，又各處拏獲葉亞五等四名訊明正法梟示等語。匪徒既經拏獲自應將如何聚衆起事及木印逆詞是何語句各緣由詳訊取供附摺陳奏乃僅以訊明正法一語了結，種種顢頇疏漏之處不可勝數。現在吉慶已前往博羅督辦，即將此案專交吉慶會同孫全謀迅速勦辦，……總須趁匪徒聚集山內之時分兵佈置嚴密勿令他竄，併力進攻就地殲滅不致稍有漫延爲要。……倘自問辦理不能裕如即當將實在情形由驛速奏候朕裁奪，毋得稍有因循含混自取咎戾，……再據另片奏惠州所屬雨水調勻禾苗暢發可望豐收，糧價亦平可以仰慰厪注等語。該處地方現値會匪滋擾若不速爲撲滅即秋禾豐稔適足以資盜糧，朕方厪念不遑尚云仰慰耶。至所稱黎維祁舊臣尚有在京者似毋庸送給農耐等語尤屬無謂，現在農耐尚未具表請封，黎維祁舊臣在京安插已久，朕亦並未欲將伊等遣令回國，不知吉慶何所見而云，然該督於現在勦匪重務漫無籌計而轉於此等不急之務鰓鰓過慮即此益見其心思瞀亂輕重失宜。吉慶即傳旨申飭，仍著將近日勦辦情形迅速具奏，至農耐請封一事已降旨令瑚圖禮查辦；吉慶竟可無庸兼顧也……。」同日由軍機大臣字寄廣州將軍書敬，署廣東巡撫瑚圓禮將東莞匪犯迅速查拏淨盡……（註一五）「……東莞地方有博羅匪徒前往滋事，既經吉慶知會瑚圖禮就近勦辦，瑚圖禮自應將如何勦辦之處一面辦理一面奏聞，日內何以未據奏到？且現在督撫兩標官兵俱經吉慶調撥前往，瑚圖禮所撥又何項官兵深爲厪念。現在廣東省城內有駐防滿洲官兵，瑚圖禮或與書敬會商量爲調撥，或書敬自行前往或於副都統內酌令一人帶兵往，務將東莞匪犯迅速查拏淨盡……。」

吉慶於九月一日自惠州拜發奏摺報告進攻羊屎山羅溪營會匪情形並敍明東莞等縣及石龍各市鎭切

有匪徒。而於九月初七日用六百里加緊奏捷，攻克羊屎山羅溪營賊匪大獲勝仗，拏獲僞大王陳亞本經審明正法等情，奉硃批「欣覽之餘並深感畏，另有旨。」而清仁宗於九月二十三日下旨除傳旨獎賞殺賊立功之提鎮外，而聲敍剿辦情形總欠明晰並指責其並未將緊要逆犯何仍不訊供具奏，實屬顢頇草率。而首犯陳爛屐四率領殘匪逃逸，於擒獲後務須詳訊確供再行凌遲處死。（註一六）「……此次剿辦羊屎山賊巢，所辦固好；但聲敍情節總欠明晰，如摺內稱有賊匪萬餘在柵固守，計擒斬賊匪合計三千餘人，而陳爛屐四帶同逃竄餘匪僅止數百人，其餘賊衆是否畏懼官兵聲勢零星散去；抑又竄往何處？並無實在下落。又前據奏稱東莞等七處俱有匪徒均須設卡防堵，而此次摺內又並未提及，七處賊匪作何辦理？轉稱羅浮山中亦有匪徒滋擾，此股又從何處闌入殊多含混，倘東莞等七處匪徒本伏而未動，不過聽從入夥結會歛錢並無謀逆情事，吉慶竟當出示曉諭以刻下調兵討賊原係剿除糾衆謀逆之徒；其祇係持齋入會者並不概事搜求，爾等毋庸過爲驚駭。一面出示曉諭即一面撤兵以安衆心。若該匪等竟有焚掠抗拒等事亦不能稍事姑息，即分兵搜捕速期蕆事。……東莞等七處情形究竟若何先行速奏不必俟擒獲首犯始行奏聞也。再此次所獲之僞大王、僞元帥、僞將軍及軍師等俱係緊要逆犯何以仍不訊供具奏？現在首逆陳爛屐四率領殘匪逃竄，自可迅就擒拏捕獲後須詳訊確供，再行凌遲處死，不得仍前顢頇草率……。」九月二十五日清仁宗硃批廣東巡撫瑚圖禮單銜「奏報博羅東莞等處有賊匪窺伺，現已分派兵鄉防等由摺」，奉到寄信上諭云（註一七）「九月二十五日諭旨寄信吉慶、瑚圖禮，本日據瑚圖禮奏報分派員弁督兵防守於前後戰情始覺清晰可見，東莞等七處並無另起賊股，即分兵設防亦係預爲防範羊屎山賊匪起見。吉慶前此紛紛檄調過于張皇且敍摺又多含混徒亂人意，此時惟當出示曉諭設卡安民祇緝拿叛賊並非查辦該處天地會……」九月十六日吉慶用六百里驛遞具奏攻克羅溪營賊巢，並搜獲首犯陳爛屐四之父母妻子，進而剿辦羅浮山會匪情形，於十月一日仁宗下旨要吉慶等上緊嚴拏務獲渠魁陳爛屐四肅清餘黨早行藏事，經審訊陳犯之父陳士莊，得供才知陳爛屐四謀反經過……（註一八）「……據陳爛屐四之父陳士莊供伊子起意謀反，於八月初八日祭旗，伊穿黃袍上坐衆人都稱老大王等語……」陳士莊被凌遲處死。陳爛屐四帶同夥衆逃往羅浮山，孫全謀會同黃標前往攻捕。九月十九日在周山地方將陳爛屐四擒獲，並凌遲處死。吉慶於次日用六百加緊馳遞奏報擒獲首逆陳爛屐四情形，十月初五日便奉到寄信上諭除慰勉獎賞有加外，要他搜捕餘匪爲要。九月二十六日吉慶發了三個尋常事件的摺件卻用了六百里加緊馳遞，因而受到清仁宗指責：（註一九）十月十三日上諭「內閣奉上諭本日吉慶等由六百里加緊遞到各摺；一係剿撫餘匪地方寧謐情形，一係參奏失察博羅會匪地方官、一係保舉堪勝水師總兵均屬尋常事件何致輒用六百里加緊馳遞糊塗極矣。……著傳旨嚴行申飭……此次輕發六百里加緊一節自係吉慶一人主見孫全謀不過於摺內聯銜，吉慶仍著交部議處以爲輕用急遞者戒……。」失察博羅縣會匪滋事之知縣劉嘉穎著在省城枷號一年，滿日發往伊犂效力贖罪，以爲地方官漫不經心釀成巨案者戒。

十月初，博羅縣會匪竄入永安縣屬地方糾合匪徒曾清浩等，焚刼村墟。由於巡撫瑚圖禮和總督吉慶報告情形各異，前者鎮靜而後者卻倉皇，也引來仁宗對吉慶的不滿並下旨給瑚圖禮：（註二〇）「

嘉慶七年十月二十二日奉上諭昨日吉慶由六百里加緊遞到奏摺即係前次瑚圖禮奏報博羅匪徒竄入永安糾衆滋擾之事。據稱（吉慶奏報）於大鍾嶺地方湧出數千人抗拒官兵，該督及孫全謀即馳赴剿辦並飛咨江西調派贛州鎮標兵二千名來惠協剿，又請由京簡派副參等官十員赴粵辦理，甚屬張皇失措……。查吉慶昨日之摺係初六日拜發。邱庭瀧之稟情節賊勢並無難辦；何以吉慶遽爾倉皇失措，看來吉慶辦理此事屢次奏報俱胸無把握而瑚圖禮前後所奏情形尚為鎮靜。聞粵東會匪隨處皆有向來並不敢糾衆滋事或吉慶於辦理歸善會匪一事派兵搜拏株連人衆，以致入會之人心生畏懼藉口起事，而博羅山內遂致聚集萬餘。及至攻破賊巢或又辦理疏漏致令夥匪竄入永安復行勾結，否則竟係吉慶等誅戮太多轉令會匪羣相煽動。即如吉慶昨日所奏單內從逆正法者有七百餘名，人數過多並未訊取確供不免有濫及無辜之事。且此案起衅緣由屢經降旨查詢總未據吉慶詳悉覆奏殊不可解……」並要求瑚圖禮以該省巡撫見聞親切，務將會匪因何起事滋擾？吉慶、孫全謀如何查拏搜剿有無辦理不善激成事端之處據實密奏。

永安會匪起事滋擾，兩廣總督吉慶率屬攻剿，屢得勝仗而賊首曾清浩等紛紛帶領八寨賊匪及脅從者來營投首，覺羅吉慶分別於十月十二日（註二一）十六日（註二二）、十九日上摺其奏撫剿情形，而以十九日具奏最為詳實（註二三）「……奏為永安首匪官粵瓏、賴東保率衆投誠恭摺具奏……竊永安縣首匪官粵瓏等於天字嶂等處糾衆滋事，經臣調兵剿捕業將大鍾嶺、義容墟賊寨打破，並據匪首曾清浩率領八寨匪夥來營投首，俱經恭摺馳奏在案。茲因官兵剿捕賊匪連獲數次勝仗，匪徒聞風畏懼脅從者大半逃散。該匪等並聞有投誠免死之示皆思投首……臣於十月十七日行抵義容墟，據首匪官粵瓏、賴東保率領夥匪一千餘人來營投首並呈繳器械前來，臣當即詳加研訊察究情形其悔罪投誠實出至誠。……再前後投誠首夥人數衆多必須分別辦理。現擬將投出之首匪曾清浩、官粵瓏、賴東保三名酌量地方妥爲安插，其夥匪及脅從者查明安插釋寧是否有當。……」由於吉慶歷次具奏永安會匪抗拒官兵人數前後相差懸殊，清仁宗於十月廿七日下旨責其紛擾冒昧驚惶失措；（註二四）「……奉上諭本日吉慶由六百里奏報勦撫永安匪徒並打仗得勝情形一摺，此事前據吉慶奏永安匪徒有數千人在大鍾嶺地方抗拒官兵，今摺內稱官粵瓏，曾清浩等陸續糾夥祇共有數百人等語，以數千人之衆今忽減爲數百人，可見吉慶前奏竟係驚惶失措，朕早經批諭。今果不出所料彼時吉慶並未親赴永安，僅據遊擊胡俊鴻稟報賊衆數千即冒昧入奏……且伊在朕前陳奏尙如此張皇則在該處督辦一切勦捕事宜更不知如何紛擾？總督爲統轄大員既不能持以鎭靜，地方員弁尙何所禀承，必致妄多誅戮不可問矣？……」由於吉慶十月十六日奏報賊首曾清浩等及附近義容墟八寨賊匪投誠一摺（註二五）並未詳晰，因而引起清仁宗極端不滿，十一月初三日清仁宗降旨革去吉慶協辦大學士暫留兩廣總督以觀後效；（註二六）並下旨嚴飭；（註二七）「……該匪等既被官兵攻勦情急投誠，吉慶自應將接仗情形詳細敍入併向該匪訊取供詞，將賊匪及脅從人數繳交器械等件分別查明並將如何安插之處詳悉具奏，候旨定奪乃率以數語籠統聲敍，究竟曾清浩因何投首，伊帶出四千餘人是否均經從逆？各有器械何以遽肯投出？所繳器械共若干件？均未敍明，且所稱將曾清浩等留營一語更不可解？該匪等聚衆謀逆今畏懼投出不過貸其一死足矣！乃該督輒將伊等留營豈欲藉爲差遣之用乎？抑竟令該匪率其夥黨自立爲一營乎？至所稱孫全謀派委將弁搜山拏獲僞稱大元帥薛文勝，薛成宙，僞官共二十二名分別審訊，其餘匪夥四百五十四名均經正法等語。薛文勝等僞稱元帥在賊中自較兇悍，豈有束手就縛之理？經官兵搜山時曾否抗拒打仗？官兵如何拏獲？就獲之後自應一一詳悉訊供。其匪夥四百五十餘人曾否抗拒官兵亦應詳訊明確乃僅以均經正法一語了事。難保此數百人內竟無濫殺之人？朕將從何批示耶……吉慶辦理此案以來屢次摺奏前後不相符合，種種張皇冒昧草率糊塗不一而足，朕不料其全不懂事一至於此，著傳旨嚴行申飭。現已將吉慶革去協辦大學士仍暫留兩廣總督之任，該督當痛自愧奮，將永安餘匪妥速辦竣綏靖地方。果能經理無悞勉贖前愆尚可姑留原任；倘再漫無把握措置失宜，必當一併治罪不能再爲寬貸並著吉慶將訊出曾清浩供詞現在如何辦理及一一詳晰具奏，勿再含混干咎……。」清仁宗對吉慶不滿，實有調查之必要，同日下旨派那彥成馳赴粵東密查事件，接旨後即迅速前往，所有江西查審之案交姜晟一人辦理（註二八）「……那彥成抵粵後即將指出吉慶陳奏不符之處密爲訪查，務將此案究竟因何起衅？是否吉慶濫殺激變據實密陳，不必避嫌之見以參劾吉慶後伊即可希冀簡任兩廣總督而稍涉含糊；亦不得因吉慶現已革去協辦大學士有意苛求。總當自矢天良秉公查辦。那彥成到彼不可稍有洩漏，如到粵時會匪尚未辦竣祇稱奉旨前來幫辦搜捕；如業已辦完即稱奉命赴粵率同經理善後撫綏事宜。務留心密訪據實直陳，勿負委任……。」那彥成即於十一月十二日率同原帶刑部司員李威星馳前往，打算沿途留心訪問，並赴軍營親身履勘以便據實飛奏朝廷。十一月初七覺羅吉慶具奏親赴永安所屬之義容墟一帶，察看被難民人多有回鄉收割晚禾，其投首者亦皆回家不敢滋事等語並不明晰；（註二九）引起清仁宗再度嚴重關切，於十一月十四日傳旨申飭覺羅吉慶要他再詳細明白回奏，同日由軍機大臣字寄欽差內閣學士那彥成一件上諭，再次詳細縷列密查吉慶辦理剿撫永安會匪錯謬之處，如下（註三〇）「……今據吉慶奏到所有投出人犯任令散回各歸本業殊不可解，或竟係吉慶因投出匪徒人數衆多並不候旨遵辦，率將肆行兇惡各犯概行縱放；則該督辦理錯謬之咎已屬不輕，那彥成即當嚴行參奏。倘業經放回之後吉慶因接奉前旨又復派兵紛紛查拏必致激生事端。吉慶之罪更難曲貸矣。且前此拴獲之僞元帥薛文勝等二十三名尚未據吉慶審訊具奏。……朕詳閱節次奏報情形及廷臣等議及此事必係吉慶當博羅會匪起釁之初張皇失措牽連無辜以致永安會匪又起，及至勢難歛手又復茫無主見，希圖將首從各犯全行放回顢頇了事。是始則失之過嚴繼則失之輕縱二者均屬非是，然究係懸揣之詞恐未能得其確實，那彥成接奉此旨即速到彼，秉公嚴密查訪將前後指出各情節一併據實直陳……。」十一月十七日覺羅吉慶分別會同提臣孫全謀及撫臣瑚圖禮分別奏聞永安地方寧靜，曾受會匪擾累之良民也分別陸續回鄉，並飭令守卡官兵巡查彈壓使其共相和好不許復滋事端，於博羅永安二縣酌量添設兵丁防守。同日吉慶具摺恭懇聖恩量加鼓勵爲軍營出力人員一摺（註三一）之夾片向清仁宗密陳實在情形，因關係伊與瑚圖禮、孫全謀之間掣肘牽絆經過情形，值得重視：「……奴才吉慶奏謹將實地情形密爲陳明事。奴才世受天恩復荷非常知遇，自當竭盡心力認眞辦理。茲七月間歸善之會匪陳亞本聚衆滋事，稔山、白茫、花平山三處共糾衆三四千人，提臣將兵安於城上，營汎砲位收回城鄉人心惶恐，屢經府營禀報。於六月內又有匿名揭帖陸豐會匪欲于八月十五日攻城，因遣犯李崇玉脫逃更不放心。又據提臣（孫全謀）

開單內有僞稱大王四路先鋒匪犯是以奴才親往督拿，止辦歸善會匪遙爲彈壓陸豐。不略博羅陳爛屐四起事謀反此辦理之實情也。撫臣瑚圖禮因太平關盈餘歸公深恨奴才，南韶道朱棟謠言以致軍務之人觀望。仰仗聖主威福始得迅速完竣。奴才患病月餘未敢具奏，奴才愼重錢糧喜者甚少，奴才現在誠恐瑚圖禮作賤惟愿病不能痊以全主子用人顏面耳謹奏。」這是吉慶自戕前最後的剖白；但卻未爲清仁宗所諒解，容後再做分析。

吉慶自戕身亡之經過及批判

嘉慶七年十一月十九日覺羅吉慶自永安回到省城。於二十日未刻（十三時至十五時）身故，廣東巡撫瑚圖禮隨即親往看視將總督併鹽政關防及一切文卷檢查接收暫行署理。吉慶身亡經過據瑚圖禮於十一月二十一日奏報詳實（註三二）：「奏爲報明督臣病故日期聖鑒，竊督臣吉慶於十一月十九日由惠州府回省，二十日到臣署，臣見其形容憔悴精神委頓，詢知患病未愈，隨囑令上緊醫治以冀速痊。嗣聞伊回署後忽得痰湧急症不能言語，於是日未刻身故。……」這裡並看不出自戕身亡的跡象；但這件摺子的夾片中卻敍述得很翔實：「再督臣吉慶於十一月十九日由惠州府回省，臣前往舟次接見，見其精神委頓形容憔悴。詢悉患病未愈，臣即囑令回署上緊醫治以冀速痊。二十日巳刻（九時至十一時）該督到臣署回看敍談，未久忽然語言恍惚惶恐靡寧拔取身帶小刀欲行自戕。臣即喝令，伊跟隨家人及臣署家人上前抱住將小刀奪下，伊忽又將桌上鼻烟壺塞入口內，狠力吞下以致中氣隔截。臣與該督家人等無術解救，即傳進司道府縣告知情形，眼同令人扶入轎內抬回督署併囑令速覓解救之方，詎醫治不效延至是日未刻身故。臣即前往看視，細詢伊家人云吉慶於出署時即吩咐將印信送至臣處，家眷護送還京等語……。」片尾奉清仁宗硃批「大奇之事」。那彥成亦於十一月廿二日奉聞督臣回省病故，係據撫臣瑚圖禮差縣丞余瀚報知吉慶於二十日巳刻病故屬實。

清仁宗在未接到瑚圖禮等奏聞吉慶身亡奏摺，對吉慶不滿已見前述，而於十一月廿三日所下的上諭達到極點；（註三三）「內閣奉諭……今吉慶既已失察於前，又復錯謬於後豈可復膺總督之任。吉慶著即解任革去雙眼花翎暫留頂戴，交瑚圖禮那彥成會同審訊，所有兩廣總督員缺著長麟補授加恩賞戴花翎。長麟未到任以前著瑚圖禮暫行署理，廣東巡撫印務著那彥成暫行署理，俟長麟到粵後瑚圖禮仍回巡撫本任，那彥成即來京供職欽此。」同日給瑚圖禮及那彥成的字寄上諭卻對瑚圖禮較優的待遇。（註三四）「……本日已另降諭旨將吉慶革去雙眼花翎暫留頂戴解任質審。瑚圖禮身任巡撫失察地方會匪滋事原有應得之罪，但未經帶兵剿辦，在省辦理一切均無不合已令伊暫署兩廣總督，其巡撫印務即令那彥成暫署，著將吉慶交伊二人秉公審訊……。」吉慶自戕時，那彥成不在省城，（十七日馳抵廣東境內，由水路順流日夜前進，二十二日至清遠縣），因此吉慶顯有受瑚圖禮獨鞫而自戕的可能。見清史（註三五）「……吉慶復奏永安降匪多，請留兵防範，詔斥顢頇結局解任聽勘。巡撫瑚圖禮素與有隙，既奉密諭訶審，遂疏劾其疲輭不職，那彥成未至獨鞫之，據高坐，設囚具，隸卒故加訶辱。吉慶恚曰『某雖不肖，曾備政府不可受辱傷國體。』因自戕……。」清史稿吉慶列傳既有如是記載，想來必無造假之可能。清仁宗接到那彥成奏報吉慶病故之摺後，於十二月七日由五百里諭令那彥成查辦吉慶夾片密參各節。（註三六）「……那彥成奏報到時適吉慶亦有四百里奏到之摺即係二十日拜發，是日發摺時至早想亦不過卯辰（五時至七時）之間，且閱其摺內所敍情節較之往常奏報轉爲明晰。豈早刻尚能照常辦事，不逾時旋即身故耶。昨日吉慶摺內片稱患病月餘未敢具奏，並有恐瑚圖禮作賤，惟願病不能痊之語，伊此次發摺時如果病勢沉重自必隨摺聲明何以轉無一字提及。即瑚圖禮同在省城並不將吉慶身故之處專摺馳奏；僅差人知照那彥成，又未將吉慶所患何病詳悉報知事屬可疑，其中恐有別項情節必須確切查明。……伊現在業已身故，即著那彥成就近訪查，如果吉慶剿辦博羅永安會匪實有張皇濫殺激成事端等情，或伊風聞現派欽差赴粵查辦此事，恐獲重罪或另有別項劣款慮其舉發因病自尋短見，則吉慶死有餘辜；倘吉慶實因督兵剿捕積勞成疾而其辦理會匪一事尙無濫殺激變等情，即有未能妥協之處其咎止於罷斥尙當宥其前愆加以恩卹。那彥成不可以吉慶已故將辦理種種舛錯歸罪吉慶一人而置孫全謀等於不問藉此含糊完結；亦不可憐其身故曲爲開脫。那彥成總當一本秉公持平核辦據實直陳，不得一字稍涉欺飾；即瑚圖禮之語亦不可盡信也……。」而十二月九日軍機大臣密寄那彥成的諭旨更有詳細的指示（註三七）「……本日瑚圖禮報到片稱吉慶竟係自戕身死實屬大奇之事，人孰不愛生惡死，苟非有萬不得已之苦情何至輕軀殘死。前此吉摺片內有伊患病月餘恐瑚圖禮作賤惟願病不能痊，並有瑚圖禮因太平關盈餘歸公深恨吉慶。南韶道朱棟謠言以致辦理軍務之人觀望等語。吉慶與瑚圖禮近在同城如有將總督作賤之處自必人所共見共聞，可以留心詢訪，至吉慶署內現有親丁家屬亦可擇其明白曉事者詳加詢問，吉慶患病係何症候曾服何藥？平日曾否有屈不平之事無難得其確據。其太平關盈餘歸公後吉慶有無從中侵蝕之處？瑚圖禮是否因此歸怨吉慶有何憑據？道員朱棟究係作何謠言何以辦理軍務之人心存觀望。著那彥成訪查明確秉公據實具奏，如吉慶竟係心虛畏罪或尚有別情，瑚圖禮所奏未實，朕豈肯令總督大員抱屈而死。總之那彥成查辦此事惟當一秉至公毫無瞻顧，不可因瑚圖禮現署總督，若將伊參劾即蹈覬覦此缺之嫌，設此事果與瑚圖禮干涉亦不將那彥成補放總督，不必預存避嫌之見。至吉慶前奏歸善會匪聚衆時提臣孫全謀將兵安於城上營汎砲位收回。瑚圖禮又奏稱孫全謀辦理永安會匪專主招安並不剿捕，是此案辦理不善，自應查明貽誤確情專摺參奏不可因吉慶已故歸罪伊一人而置孫全謀等於不問也。將此由五百里密諭知之欽此。」但後來那彥成的查明報告顯有歸罪吉慶一人之嫌，看了嘉慶七年十二月十六日清仁宗的字寄即可明白：（註三八）「……嘉慶七年十二月十六日奉上諭那彥成奏查明博羅永安等縣會匪滋事緣由及吉慶辦理此事顛末覽奏俱悉已有明降諭旨矣……前因吉慶奏稱有恐瑚圖禮將伊作賤之言曾降旨令那彥成查明具奏，此時那彥成既查明吉慶竟係畏罪自盡與瑚圖禮無涉，其所稱作賤之處自係病中妄語，無庸再行查奏……。」同日發佈吉慶獲死緣由通諭。（註三九）「……官兵攻剿天字嶂賊匪一節並無其事，吉慶率聽員弁禀報虛詞遽爾入奏，並將永安投首賊目概予寧釋加以賞賚以致民心不服，紛紛控訴，吉慶慚畏交幷，因病後糊塗自尋短見等語。吉慶辦理疏縱種種錯誤之處，固有應得之咎。設曾清浩等三犯竟已釋放則吉慶獲罪甚重，今據那彥成奏稱曾清浩、官粵瓏、賴東保三人俱在監禁，現經審明正法，是吉慶之罪斷不至於死，且吉慶平日素有廉名，即此次獲咎亦不過革職或發往新疆効力，將來尚可用為巡撫，何至遽爾輕生；況身為封疆大臣即罪在不赦，亦當靜以待命豈得私行自盡，效匹夫溝瀆之為，是其自戕一節即吉慶之罪實無足惜，豈可復邀恩卹。至吉慶辦理疏縱之處，既經那彥成查明委無別項情事，亦不必再行追論，著那彥成傳知伊家屬扶柩回旗，並將吉慶前後獲罪及身故緣由通諭知之。」至於瑚圖禮所得之處分見嘉慶八年正月初三日內閣奉上諭（註四〇）；「……廣東博羅永安會匪滋事，瑚圖身任巡撫於所屬地方匪徒勾結毫無覺查以致釀成巨案，茲據那彥成查奏謹將署督交部查議，未免過輕，瑚圖禮著交部議處……」部議上奉旨瑚圖禮著降一級留任，二月回巡撫任。而有關提臣孫全謀被參各節，亦不了了之，據那彥成的奏報；（註四一）「……那彥成奏詢問孫全謀各條，該提督帶兵勦捕於永安會匪投首時均係解交吉慶辦理，是孫全謀尚無不合之處……。」吉慶自戕案到此遂告一段落。至於吉慶所患何病？孫全謀因何安兵城上？營汎砲位為何收回？辦理永安會匪為何專主招安並不剿捕？吉慶為何怕瑚圖禮作賤等？都沒有明確交代。清仁宗對於覺羅吉慶自戕一案，並未徹底根究，顯可易見。

結論

綜上覺羅吉慶自戕一案的探討，可知嘉慶一朝廣東吏治的腐敗，獄政的鬆弛，贓罰銀兩的派徵，地方匪徒聚衆滋事，以致總督大員自盡，雖經清仁宗密令欽差確查，總因官官相護，不得要領，只徒呼「大奇之事！」又得奈何？覺羅吉慶也只好白白犧牲了。

【附註】

註　一：清嘉慶七年冬季方本上諭，嘉慶七年十二月十六日上諭第一八二頁。
註　二：清史稿列傳一百三十卷，三四三頁總頁一一二六，覺羅吉慶傳。
註　三：嘉慶七年秋季方本上諭，嘉慶七年十一月九日上諭。
註　四：大清仁宗睿皇帝實錄，卷一百一，七頁，總頁一四〇六，嘉慶七年七月癸巳（廿五日）諭內閣。
註　五：大清仁宗睿皇實錄，卷一百二，五頁，總頁一四一五，嘉慶七年八月辛丑（初三）諭內閣。
註　六：宮中檔嘉慶朝奏摺第〇〇九五〇六號，嘉慶七年十一月十七日協辦大學士兩廣總督覺羅吉慶廣東巡撫瑚圖禮摺。
註　七：同註三。
註　八：同註四。
註　九：嘉慶七年秋季方本上諭，八月廿五日上諭。
註一〇：嘉慶七年秋季方本上諭，十一月七日上諭。
註一一：宮中檔嘉慶朝奏摺第〇〇九五一二號，嘉慶七年十一月十七日廣東巡撫瑚圖禮摺。
註一二：嘉慶七年秋季方本上諭，八月廿九日上諭。
註一三：嘉慶七年秋季方本上諭，九月五日上諭。
註一四：嘉慶七年秋季方本上諭，九月十一日上諭一三七頁。
註一五：嘉慶七年秋季方本上諭，九月十一日上諭一四三頁。

註一六：嘉慶七年方本上諭，九月廿三日上諭。
註一七：嘉慶七年秋冬隨手登記檔第二〇六頁。
註一八：嘉慶七年方本上諭，十月一日上諭。
註一九：嘉慶七年方本上諭，十月十三日上諭。
註二〇：嘉慶七年方本上諭，十月二十二日上諭。
註二一：宮中檔嘉慶朝奏摺第〇〇八九八二號，嘉慶七年十月十二日覺羅吉慶摺。
註二二：宮中檔嘉慶朝奏摺第〇〇九〇一九號，嘉慶七年十月十六日覺羅吉慶摺「奏爲賊首曾清浩等及附近義容墟八寨賊匪投誠恭摺奏聞事。」
註二三：宮中檔嘉慶朝奏摺第〇〇九〇四四號，嘉慶七年十月十九日覺羅吉慶摺。
註二四：宮中檔嘉慶朝奏摺第〇〇五七三〇號，嘉慶七年十月二十七日字寄上諭。
註二五：同註二二。
註二六：嘉慶七年冬季方本上諭，十一月初三日上諭。
註二七：宮中檔嘉慶朝奏摺第〇〇九六一八號，嘉慶七年十一月初三日軍機大臣字寄上諭。
註二八：宮中檔嘉慶朝奏摺第〇〇九六三六號，嘉慶七年十一月初三日軍機大臣密寄欽差內閣學士那上諭。
註二九：宮中檔嘉慶朝奏摺第〇〇九四一一號，嘉慶七年十一月初七日協辦大學士兩廣總督覺羅吉慶摺。
註三〇：宮中檔嘉慶朝奏摺第〇〇九六三四號，嘉慶七年十一月十四日軍機大臣字寄上諭。

註三一：宮中檔嘉慶朝奏摺第〇〇九五〇八號，嘉慶七年十一月十七日覺羅吉慶摺。

註三二：宮中檔嘉慶朝奏摺第〇〇九五四六號，嘉慶七年十一月二十一日瑚圖禮摺。

註三三：嘉慶七年方本上諭七年十一月二十三日內閣奉上諭。

註三四：宮中檔嘉慶朝奏摺第〇〇九六一七號，嘉慶七年十一月二十三日軍機大臣字寄上諭。

註三五：清史卷三八四四，第四三九八頁覺羅吉慶傳。

註三六：嘉慶七年方本上諭七年十二月七日軍機大臣字寄上諭。

註三七：嘉慶七年方本上諭七年十二月九日密寄上諭。

註三八：嘉慶七年方本上諭七年十二月十六日軍機大臣字寄上諭。

註三九：大清仁宗睿皇帝實錄，卷一百六十八，頁十六，總頁一四八〇，七年十二月癸丑（十六）諭。

註四〇：嘉慶八年方本上諭，八年正月初三日內閣奉上諭。（廿一頁）

註四一：嘉慶八年方本上諭，八年正月初三日軍機大臣字寄上諭。（十六頁）

清嘉慶朝知縣李毓昌冤死案之探討

一、引言

清雍正一朝及乾隆之初，因當政者清正明察，官吏不敢因緣為奸；但自和珅恃寵專權，而官常日衰。清仁宗即位，和珅就戮，但積習已成無法挽救。外省司書私雕假印，串通舞弊有之；甚至內廷工部書吏也私雕假印冒領庫銀，或於歲修工程揑造大員名姓重複向內府戶部支領，數目不下千萬。各省大小官員通同舞弊，罔上行私，遂形成相護惡氣牢不可破。嘉慶十三年（西元一八〇八年），江蘇省淮揚大水，江寧布政使楊護報災辦賑，委員查賑。而其中查賑委員李毓昌因守正清廉不肯冒領賑銀，卻遭人殺害滅口以滿足貪吏饕餮蠹私，竟相以自縊身死報案了結，以成可驚可慘之奇冤命案。本文謹就國立故宮博物院現藏文獻檔案資料對本案作詳細探討，明白剖析當時官吏貪黷之嚴重，陷害公正清廉官員在所不惜，這樣的行徑非但違法抗旨，甚至毫無人性。並揭開職官授意家人謀斃同官，長隨家人勾通外人毒害本主的窮兇極惡內幕，並經由命案的驗屍過程，才使李毓昌的冤死得以昭雪的本末。

二、案起

李毓昌字皋言，山東即墨人，嘉慶十三年進士以知縣分發江蘇候補；淮揚大水，江蘇布政使楊護委派李毓昌使山陽縣查賑事。（山陽縣南京淮安府府治，北濱淮河，南有運河，西南有永濟河），九月李毓昌帶領家人長隨李祥，馬連陞，顧祥等前往山陽縣各鄉查賑。十月二十八日回至淮安城。十一月初六日山陽縣令王伸漢宴請同派查賑各員後，李毓昌回至善緣庵寓所。次日（初七）發覺自縊身死，經府縣會同仵作相驗，驗畢喝報係屬自縊身死，經由江蘇巡撫汪日章於十四年三月廿一日具題候補知縣李毓昌查賑山陽縣地方因病自縊身故，並於十四年四月廿一日科抄到吏部。（註一）

李毓昌的父親李泰運共有兄弟三人，老大即李泰運，老二爲李泰清，老三爲李泰寧，俱係同居。李泰清於清乾隆四十四年入即墨縣武學，爲武學生。嘉慶十三年十月十七日李泰清自山東即墨起身探望胞侄李毓昌，十一月初九日到江寧得知其侄子李毓昌已往山陽查賑，即前往看望。十八日到了山陽。查問李祥，得知其侄李毓昌已自縊死了。經他詳細追問因何吊死，李祥們告之李毓昌到山陽後精神恍惚語言顛倒像瘋迷的樣子，後因病吊死的。屍身係經府縣一同相驗裝殮的。李泰清信以爲實，所以沒有將屍棺開看。山陽縣知縣王伸漢告以因其與李毓昌相好，後來還送過搬柩回籍盤費元絲銀一百五十兩。李泰清遂於十二月初六起身回籍，十四年正月十六日到即墨。適值侄子五七，李泰清與李毓昌之妻林氏開箱檢視衣袍，發現有血蹟，疑非吊死，遂開棺看視，見李毓昌非但臉上青黑色，甚至渾身均青黑色，纔料道李毓昌可能是被毒死的。李泰清便上京控告：「李泰清供年五十九歲……我於十二月初六日起身，本年正月十六日到即墨，値侄子五七燒紙，我與侄媳林氏商量要將他平素穿的蟒袍燒給他。打開衣箱取出蟒袍隨查看別的衣服，見他衣袍前面有血跡一道，自胸前直到下衾，兩袖口外面亦有血跡似反手在嘴上揩擦的，馬褂面衿也有一大塊血。我與侄媳心裏惑怕不是吊死的，要開棺看視，就拔釘揭開棺蓋，見侄子臉有石灰將石灰擦去，臉上青黑色，解開衣服渾身青黑。照著洗寃錄用銀針探視。果然是黑的，用皀角水洗之不去，纔知道是受毒死的，所以來京告狀是實。」（註二）李泰清即赴京，在都察院呈控伊胞侄李毓昌奉委查賑，係經人毒斃，並非自縊身亡。經都察院衙門具奏。

嘉慶十四年五月十二日清仁宗披閱後，發覺其中疑竇甚多，必有寃抑，案關職官身死不明必要徹底根究，要山東巡撫吉綸將李毓昌屍棺提至省城派委大員詳加檢驗具奏，並命兩江總督鐵保查明山陽知縣及署淮安知府係屬何人，迅速傳集李毓昌長隨等人，秉公研審。如係實情即將該府縣嚴參並一干人證解赴山東歸案。後來又諭鐵保查明山陽知縣先行解任同一干人證解交刑部審訊。詳見清仁宗實錄嘉慶十四年五月辛未（十二日）：「諭軍機大臣等本日都察院衙門奏，即墨縣武生李泰清呈控伊胞侄原發江蘇知縣李毓昌奉委查賑，在山陽縣署赴席，是晚回家自縊。該武生前往看視，未及詳加盤詢。經該縣贈以盤費，領柩回籍。後因查看伊侄箱內皮衣血跡生疑，自行開驗見屍身青黑始知被毒身死等語。朕詳加披閱，其中疑竇甚多必有寃抑，亟須昭雪以慰孤魂；李毓昌在縣署赴席何以回寓後遽爾輕生是夜自縊，其事已不近情。彼時山陽縣知縣隨同署知府驗明換衣棺殮，是否於申報後由上司派委抑或另派有同驗之員總未見該督具奏，實屬不以人命爲重草率因循之至，且山陽縣知縣於李泰清領柩時送給路費銀一百五十兩，未必因情節支離欲借此結交見好，希冀不生疑慮。又將李毓昌長隨李祥薦與淮安通判，馬連生（陞）薦與寶應縣二處。李祥等不過同僚厠役何以俱代爲安置周妥，其中難保無知情同謀賄囑滅口情弊。此案或係李毓昌奉差查賑認眞稽覈查有弊端，該山陽縣畏其揭報致死滅口亦未可定，或其中另有別情。案關職官身死不明，總應徹底根究以期水落石出。著吉綸一面將李毓昌屍棺提至省城，派委明幹大員詳加檢驗具奏。並著鐵保查明山陽縣並署知府係屬何人，及李毓昌長隨李祥、馬連陞、顧祥，山陽縣聽差胡姓家人，迅速傳集秉公研審。如得有確情即將府縣嚴參並一干人證解赴山東歸案辦理；若不細心研究致兇手漏網，朕斷不容汝輩無能之督撫。惟執法重懲決不輕恕。尋諭鐵保查明山陽縣知縣，先行解任同一干人證解交刑部審訊。」（註三）此案暴發上下震驚，內外轟動。驗屍及審訊的工作便分別展開。

三、驗屍的經過

清仁宗於嘉慶十四年五月十二日下旨要山東巡撫吉綸將李毓昌屍棺提到省城詳驗具奏；但顧及此時吉綸因微湖（在山東省，北屬滕縣，南屬沛縣，爲二縣諸水所瀦，又名昭陽湖。）水勢較弱，已起程前往嶧縣查勘籌辦，自不能提驗李毓昌身死一案。因而由軍機大臣傳諭命署山東布政使按察使朱錫爵，迅即提取屍棺親行詳細檢驗，將應訊人證悉心研鞫，如訊出疑竇，一面具奏，一面將應行解京三人迅速解送刑部歸案審辦。同年六月十一日朱錫爵所派委員會同即墨縣知縣譚文謨督同屍屬李毓奎、李毓莊將該故員李毓昌屍棺押解到省。朱錫爵會同山東按察使（臬司）張彤及諸位知縣知府等員並屍叔李泰清，於十二、十三、十四等日進行開棺驗視、悉心講求。於六月十六日驗竣上摺具奏，非常詳細：「……臣思此案情節重大，疑竇甚多，而又傳說不一，如檢驗稍涉顢頇則案情難定。是以臣於奉命後日夜悚惶，惟恐有負委任。茲於六月十一日據委員會同即墨縣知縣譚文謨督同屍屬李毓奎、李毓莊將該故員李毓昌屍棺押解到省。臣恐一人耳目難周，隨會同臬司張彤並督同濟南府知府徐日簪及因公在省之武定府知府金國寶，登州府知府石俊。又預行調熟於檢驗之歷城縣知縣王嵩，署德州知州周履端、陽穀縣知縣王嘉、祥縣知縣周以勳等悉心講求，即於十二、十三、十四等日在於省城外教場，眼同屍叔李泰清等開棺驗視；屍身雖未全腐但是毒是縊無從辨認。隨令仵作人等將屍舁出，如法蒸檢。據歷城縣仵作孫鶴鳴、壽光縣仵作牟瑄檢得李毓昌頂心顖門俱微有散漫青色，額顱骨生前有小眼一個圍圓三分深一分未透無暈，左右兩太陽穴俱有散漫青色，左右腮頰微有青色，上下牙根裏微青色，左右頰車骨外面俱赤色，胸前龜子骨上截裏面左微有青色一點，心坎骨係黃白色，兩肩井臆骨兩血骨俱青黯色，左右胳膊骨上截骨縫內俱係黑黯色，兩臂骨上截均散漫青色，左右手指骨下截俱青黯色，手指尖骨俱青赤色，兩腿骨上下截骨縫內俱有黑黯色，相連兩脛骨上截俱黑黯色，兩脚趾骨下截俱黯色，兩趾尖骨俱青赤色，兩肋骨俱微青色餘無別故，係屬受毒後縊死等情。臣與署臬司張彤及知府徐日簪等覆加親檢無異。查洗寃錄載：凡中毒屍骸檢骨則骨上下黯黑色，胸膛心坎牙根十指尖骨俱青色。今查已死李毓昌沿身骨節俱有黑黯及青黑等色，即上下牙根及胸前龜子骨裏面上截俱有微青色係屬生前中毒；但何以龜子骨僅止微青而心坎骨則又全無青色？訊據仵作供稱：凡人受毒先入四肢，迨毒氣攻心始能斃命，是以受毒身死之人胸膛心坎骨俱作青色；若受毒之後旋因他故身死則毒氣未及攻心，其胸膛心坎等骨即無此色等語。臣又詰以凡檢驗自縊屍身洗冤錄載驗兩手腕骨頭腦骨皆赤色者是。又云齒赤色及十指尖骨赤色者是。今李毓昌僅指尖有青赤色頭腦牙齒等骨均非赤色何能指爲受毒後縊死？又據仵作供稱該屍左右頰車骨外面俱係赤色，手足指尖骨俱赤青色似係生前懸吊之故，是以指爲受毒後縊死等語。臣思此案李毓昌屍身骨節青黑居多顯係生前受毒。而左右頰車骨又俱係赤色又似受毒後懸吊致死；況提驗李泰清呈驗屍衣兩袖有血；如係死由自縊何至口鼻血出，即使有之自縊之人兩手垂下又何（奉清仁宗硃批甚是）能舉袖自拭其血，是可爲受毒在先之明證。惟該故員究係因何受毒？又如何懸吊致斃？現在案內人證均已解京，東省無可提質，礙難懸擬。李毓昌屍骨檢點封貯，派委員小心看守。其屍叔李泰清，山陽縣家人包祥，幕友沈廷楝具批委員解交刑部收審，並將檢驗情形塡圖錄供一併呈送刑部……。」（註四）此摺奉清仁宗硃批「刑部細心嚴審具奏。」

清仁宗得到了這樣一份詳盡的驗屍報告，自然有充分的信心斷定李毓昌是受毒後縊死的。六月十六日下旨切責鐵保對於本事件受人朦蔽，失於覺察，要他密委精細誠實之員確切體訪究竟李毓昌當日如何被毒實情詳悉具奏。一面命軍機大臣會同刑部將拏到犯證嚴切訊究不能絲毫掩飾矣。另有一件有趣的傳聞、經體訪得實，敍述於后：「茲據即墨縣知縣譚文謨等來省禀稱，李毓昌交好之營書名喚荊崇發於本年（嘉慶十四年）正月二十二日得病，至二十三日早身故。荊崇發病時曾作李毓昌聲語，有伊弟荊崇登眼見可憑。現將荊崇登帶省聽候詢問等情，臣當面加以查訊。據荊崇登供稱伊兄荊崇發年四十二歲，曾與李毓昌同學讀書。本年正月二十二日早飯後，伊兄外出撒爐旋即回家面色改變倒地哭泣。二十三日黎明時伊兄昏迷更甚，時發狂言聲稱我係李毓昌，自山陽回來，我死得好苦哭泣不止。伊當向攙扶，伊兄業經氣絕等語。臣思荊崇登所供伊兄病重發狂之際實伊耳聞目擊；或係死者藉以鳴冤。此說確有實據，其餘傳聞甚多皆係無稽之談未敢冒昧陳奏。除將荊崇登釋回外所有查訊荊崇登供詞理合據實附片密奏……。」（註五）這樣喊冤的過程也極富戲劇性的。

四、審訊的經過

本案先由江省及東省兩地審訊，然後將兩地犯證解交京師刑部審訊。

㈠地方的審訊

兩江總督鐵保接奉清仁宗嘉慶十四年五月十二日上諭要他查明山陽縣並署淮安府都是什麼人，並將山陽縣聽差胡姓家人迅速傳集秉公研審的命令。鐵保即查明此案先前禀報的緣由：認定李毓昌係神思恍惚，自縊身亡，並由江蘇巡撫汪日章批候具題在案。鐵保立即馳赴淮安，緝捕李毓昌的長隨馬連陞、李祥、顧祥，卻沒有了蹤跡：「……查得李毓昌長隨馬連陞係山東聊城縣人，經王伸漢薦與署寶應縣知縣武念祖並未收用不知何往？李祥薦與前署淮安通判現任長洲縣知縣唐先甲處，顧祥已回蘇州，

當即密飭查拏。……」（註六）

鐵保再提山陽縣知縣王伸漢及其家人胡太及原驗仵作李標、寓所（善緣菴）僧人源福（元福）等人，逐一嚴訊；但衆人均堅稱當日相驗李毓昌屍身實係自縊並無服毒情形。正在究問間，又接到清仁宗傳旨（廿五日）「鐵保先將山陽縣知縣解任，連同李毓昌長隨李祥、馬連陞、顧祥並山陽縣聽差胡姓家人一併派妥員迅速解交刑部審訊。」鐵保遂勒令山陽縣知縣王伸漢解任委員署理，將王伸漢同原驗仵作李標隨同查賑書辦朱學禮、聽差家人胡太並將府縣原卷一併委員先行解送刑部。一面嚴拏李毓昌長隨李祥等務獲再行續解。

山東省方面，藩司朱錫爵查到江省山陽縣王伸漢之舊僕包祥，係嘉慶十四年五月間告假來東，現在博山縣鹿愼思處投充長隨，經嚴加審訊，得知與本案確有牽連。朱錫爵在奏聞李毓昌屍棺檢明實情形一摺內有明白報告：「……查山陽縣家人包祥於該故員至山陽查賑，以及在縣飲酒旋即身死之處均所目擊，則其因何致死之由自必有所見聞；即幕友沈廷棟（係李毓昌之幕友）於聞信之後趕赴山陽則該故員究係因何致死亦必有所聞。今臣於提訊之下概稱不知自係因質證無人，匿情不吐均未可定。」（同註四）朱錫爵遂將李毓昌屍叔李泰清、山陽縣家人包祥、幕友沈廷棟都批委員解交刑部收審。李毓昌命案，江省及山東省的地方審訊便告一段落。

(二)刑部的審訊

李毓昌之長隨馬連陞自行在京投部，而李祥、顧祥都是蘇州府長洲縣人，於六月八日前均爲兩江總督所拏獲，並遵旨委任候補州同謝爲琳，把總李得祿于六月初十日押解送刑部，聽候提同馬連陞等質訊。鐵保參奏淮安府知府王轂驗報疎漏，於嘉慶十四年六月十五日奉旨將王轂解任歸案，鐵保另委候補知府昌慭摘印署事，並派委員解部歸案審辦。

嘉慶十四年五月廿五日清仁宗降旨李毓昌的長隨馬連陞由刑部嚴審具奏。（註七）經由軍機大臣會同刑部堂官嚴加訊問，到了六月廿三日才得到馬連陞的初供：李毓昌是自縊身死，身前言語恍惚，顯有預先揑就，藉以搪塞未定。其所供如後：「……據該犯供稱：我於上年九月跟隨故主李毓昌前往山陽縣各鄉查賑，於十月廿八日回至淮安城。於十一月初六日山陽縣王太爺請我主人吃酒，我主人行至縣署大門前，王太爺適有公事出門未得親陪。有王太爺之弟同幕友李姓並同派查賑之委員林姓、龔姓一同吃酒。至二更席散王太爺方才回署，令伊家人重與在座各客徧行換茶。我主人吃茶後即覺言語有些顛倒，問我的鋪蓋曾否取來，縣署衆人俱覺其言語恍惚。我主人隨即回至所住善緣菴寓處，並向我們說縣裏可曾來抄我家，怕要將我解到蘇州去的話。我同李祥勸解了幾句，顧祥將預先泡下壺茶斟了一盃在桌上，我主人吃了坐了一會即上床要睡，吩咐我們說明日早起到淮安府稟辭，收拾僱船回省銷差，隨令我們拿出燈去帶掩房門自行脫衣睡下。我們三人亦即至南房東間各自睡了。次早李祥先起到主人房內，忽然喊說主人上了吊了，大家進房瞧看已經氣絕，隨赴山陽縣報明。少刻淮安府同山陽縣同來相驗，仵作將主人屍身解下，驗畢喝報係屬自縊身死。我在旁觀看，只將胸前衣服解開並脫去襪子一隻看視；其餘別處並未細驗。當即脫換衣服殯殮，脫下馬褂時我見前面有幾點血蹟，口角上亦有血痕，仵作等當將血痕拭去。次日盛殮陰陽生用紙小鏡放在胸上，這是我親見的。至我主人因何自尋短見我實不知道。惟十一月初三四間，聽得李祥說主人赴縣署與王太爺講起查賑事務，因報册數目彼此爭論意見不合，主人原派四鄉查過二鄉，餘下二鄉王太爺要叫典史代查算我主人查的，我主人不肯，又曾向書吏要戶口總册書吏不肯付與，至初五方纔送來，主人曾說他欺我初任將我當小孩子看待，我實氣不過的話。又初六日赴席時，我見王太爺回署時，有林姓委員同伊在院內密語，聽得林委員有「你上緊辦，我一二日就回去之語，王太爺說我曉得了。」亦不知所說何事或此內有可疑情節，此外我實在不能指出等語。查該犯言辭狡猾，所供之語多似預先捏就，藉以搪塞未足憑信，容再嚴加熬審，俟得確供再行具奏。」（註八）六月廿六日馬連陞又供出王伸漢開箱取走李毓昌賬簿信箋等物，進而吩咐他們如何回答藩司（楊護）的說辭，詳見嘉慶十四年六月廿六日上諭：「馬連陞供上年十一月初七日，淮安府山陽縣同來菴內相驗我主人。淮安府走後，山陽縣王太爺向我要鑰匙先開主人箱子查點衣服，並將床上木匣一個用鑰匙打開，匣內有查賑簿二本，主人寫就的家信一封，零星紅紙書札白紙字跡王太爺全行拏去，並將家信撤掉了，這是我看見的。隔了三四天，聞得江寧楊藩司到清江浦路過淮安，王太爺先著人叫我們，我與李祥同去。王太爺問我若藩司傳去問話如何答應。我說見了藩司就說主人於初六日在山陽縣衙吃酒，二更席散回寓睡宿。初七日早我們起來纔知主人自縊身死的。王太爺當時吩咐我們，若藩司傳問著老練的人去，也不用說初六日在他衙門吃酒的話。後來王太爺將藩司市分寄來並沒有傳問，這些話都可質對得的是實。」（註九）這裡可見江寧藩司楊護亦未詳細究問體訪實有愧職守。

山陽縣解任知縣王伸漢、家人胡太、作作李標、書辦朱學禮等於廿六日咨解到刑部。次日遵旨即將王伸漢革職並提同案內人證進行審訊。軍機大臣慶桂等先將此案業已全行敗露一節向各犯詰問，但各犯在押解途中顯有串供，不肯吐供；仍俱稱李毓昌身死緣由實不知情，經設法隔別熬審，至廿八日已露曙光。見廿八日上諭云「……臣等遵旨嚴訊，王伸漢仍復狡展，加以擰耳跪鍊始據供稱我因辦賑要多報戶口，李毓昌不肯因此起意謀毒。至詰以如何謀毒情形尚未指出確據，反覆究詰忽認忽翻。除上緊追訊務得確切供詞再行奏聞謹奏。」（註一〇）廿八日再提王伸漢嚴究李毓昌如何受毒又因何縊斃各情，王伸漢最初仍狡展不肯吐實，後來加以擰耳跪鍊，經問官逐細究詰方肯吐露實情，並與馬連陞對質，再經熬訊至四更以後，纔指供如繪。足見問訊工作進行的相當辛苦。問訊大臣於次日（廿九日）奏聞訊問王伸漢及馬連陞的經過及他倆供詞繕錄呈覽。節錄供詞如后：「……王伸漢供李毓昌身死一事，因李毓昌查來戶口有九千餘口，我要他添至一萬餘口。我向李毓昌的家人李祥商量，叫他勸主人通融都可沾潤，李祥隨告訴我他主人不肯。後來李毓昌來署，我又當面與他商量，他仍不肯。隨後李祥通信與我說他主人要面稟藩司，稿底已預備了。我說此事你主人不依反要通稟，你且回去我再商量。李祥走後我就向管門家人包祥說李委員要通稟了，包祥就說何不與李祥商量謀害他，我說此事太過，你們且打聽他到底稟不稟再說，這是初五日的話。初六日（十三年十一月）因是節下我請委員們來署喫飯，我因本府傳去審海州的命案，夜深回署酒席已散，送客後我就睡了。初七日早包祥說前日話已與李祥說了，許他一百兩銀薦他地方他已應許；但一人不能辦，他又與馬連陞商量也許他一百兩銀薦他地方，馬連陞也應許了。昨晚李知縣回寓李祥預備了一壺茶內放了毒藥，乘李知縣要茶時與他喫了。後因毒輕不濟事，因與馬連陞商量將李知縣吊上身死。這是李祥於初七日報他人自縊時私向包祥說知，包祥告訴我的。我因此事業已辦成我也不得不廻護了。當時將委員自縊如何相驗之處稟府請示，本府吩咐說我去同你相驗。當時同到菴內，我見李毓昌口內有血跡即吩咐仵作先將血跡洗去以便相驗。那時本府並未留心驗看，祇就未卸吊時在房門外望了一望，後來就到公座上坐了離得尚遠因未看出被毒情形。仵作我只叫他洗去血跡微示其意，並未向他明說。後來李祥、馬連陞我都照數酬謝他每人一百兩銀子。這些情節都可與包祥、李祥、馬連陞們質對的是實。」（註一一）由於王伸漢已經吐實，經質對馬連陞也得實供，如何由李祥下毒，並由李祥、包祥、顧祥、馬連陞四人合力將中毒的李毓昌扶上吊起，李毓昌因縊而死的經過敍述詳細，但因包祥、李祥、顧祥，均未解到，無法質對原本四人合謀，卻說成受包祥們嚇唬而依從的。馬連陞的供詞仍有敍述必要節錄於后：「馬連陞供上年冬月初六日，山陽縣請李本官，我與李祥跟去，至二更時回寓的。本官已有些醉了就坐下要茶喝，李祥在外間屋裏倒了一鍾茶放在桌上，本官接過喝了。李祥又倒了一鍾放在桌上，本官坐著吸烟說了會閒話又把那鍾茶喝了，我伺候脫了衣服睡下了。我們也各自回房脫了衣服在被窩內坐著，聽見有人叫門，李祥出去隨同著一人進來在黑暗中說話。我問李祥是誰問了幾句，李祥纔說是包祥，顧祥隨出去了。三人又說了一回話，我說你們何不到屋裏有燈的地方坐，李祥先進來了，我問包祥這會來做甚麼？包祥說要請老爺起來有要緊話說，包祥就與顧祥一同進來。我說有話我去告訴何必請老爺起來。李祥說老爺吃了藥了，我說老爺沒病爲什麼吃藥呢？李祥說老爺吃的是毒。我嚷說你爲什麼給老爺毒藥吃？李祥說包祥拿了毒藥來交給他，他放在茶鍾內給老爺吃了。我就包祥、李祥不依，問他爲什麼害我們老爺我要喊嚷。包祥李祥說不用嚷，毒藥已經給老爺吃了，你嚷也有你；不嚷也算有你。我就不敢聲張。包祥隨許給我一百銀子。包祥就叫李祥去騙老爺起來。老爺還說這會有何話說。李祥答應包祥說有要緊的話，老爺就穿好了衣服襪子起在床面前站著。李祥隨叫包祥進去，顧祥也進去了，我隨跟在門外哨看，李祥顧祥走到老爺挨身兩傍站著，包祥走到背後兩手抱住當腰，李祥們拉住兩邊胳膊，包祥乘空解下他自己的褡包將老爺連頭帶嘴繞了幾圈，包祥向門外叫我說你還不進來嗎？他就在床上取了老爺繫腰的藍褡包撩給我並說快拴在房樑上罷。我因被包祥們嚇唬只得依從，進屋站在床上將褡包在樑上繞了兩道底上打上扣，他們三人將老爺扶上吊起，我就出來了，他們三人略遲一會也出來了。我問包祥你們到底爲甚麼將老爺害死，包祥說因我們老爺嫌他查賑礙手還要稟上司不但將來難領銀子還怕鬧出事來，原是要毒死他的，因怕毒輕不能就死，裝作縊死又好掩飾這纔妥當了，他就走了，那時有三更多天，我同李祥、顧祥就睡了。也不知和尚元福是多早回來的。初七日早，李祥推門進去喊叫起，和尚就叫我同他到縣稟報去。隨後王知縣同本府來相驗，寫了我們三人的口供就走了。次日王知縣又來看裝殮的。過來幾天李祥回來說他去找包祥要銀子，包祥不肯給反問李祥要甚麼銀子的話，李祥就不敢問他了，許我的一百銀子我也不敢向他要了。所供是實。」（註一二）守正不阿的李毓昌就是這樣被這些惡僕家人活活的毒後縊死的，與山東藩司朱錫爵的驗屍報告完全相符。

清仁宗看到王伸漢、馬連陞的供詞，遂下旨切責兩江總督鐵保及江蘇巡撫汪日章，見六月廿九日清仁宗由軍機大臣字寄兩江總督鐵保江蘇巡撫汪日章上諭：「……著將申轉李毓昌自縊身死一案各職名查明參奏，鐵保汪日章俱著明白回奏。汪日章先摘去頂帶並自行議罪，俟奏到時候朕降旨亦不必部議……。」（註一三）七月初一日也下旨將王伸漢任所原籍家產抄沒並將伊子俱發往伊犂交伊犂將軍分置各城。（註一四）七月初二日仁宗下旨諭山東巡撫吉綸，將李毓昌屍棺加槨妥協送回即墨交伊家屬收領。因爲訊問山陽知縣王伸漢等已經供認謀毒情節歷歷如繪，實沒有再檢驗屍身的必要，要吉綸將其屍棺送回，沿途官爲照料，將來定案時另有恩旨賜卹。（註一五）

至於王伸漢搜檢李毓昌匣內稟稿一事，在七月一日王伸漢復訊供詞中有詳細的吐實：「上年十一月初七日早驗過李毓昌屍身，本府走後我檢查李知縣匣內字跡，見他稟稿上寫有『奉委到山陽查賑，原分派應查四鄉，只查得兩鄉共計九千餘口，値微有感冒，回到縣城將派查戶册交與縣裏。山陽縣要我多報至萬餘口作爲辦賑費用，我初次當差理應報効不敢多報等語。』這是我約略記得的，我隨將稟稿帶回衙門燒了。李毓昌送縣的底册現在山陽都是他親筆寫的，後來我的詳報戶口數目册子是浮開了些在上與他的原册不對是實。」（註一六）足見李毓昌要揭報的稟稿，已爲王伸漢搜得帶回衙門燒燬，並無殘稿半紙留在匣內。而蕭一山先生所著的清代通史卷中第一篇三十一節記述不同，顯有錯誤，「……毓昌叔李泰清來迎喪，伸漢厚賻之。歸檢行篋，舊書內有焚餘殘稿半紙，曰『王令冒賑，以利啗

毓昌，毓昌不敢受，恐上負天子。』蓋稟稿燬而未燼者也。」（註一七）

七月初五日李毓昌的長隨李祥、顧祥續行解到，該日經問訊大臣嚴加審訊，始猶狡展不肯承認，經加以擰耳跪鍊，始吐供謀毒並幫同將李毓昌懸吊致死的實情，再復提馬連陞與李祥顧祥對質，始供出包祥與馬連陞、李祥、顧祥三人商量將本官毒死，許給銀兩並薦地方的事，一一供吐情節均相合，遂將馬連陞、李祥、顧祥三犯交刑部監候，俟包祥解到再行審結定擬。

七月九日王伸漢家人包祥解到京城，經刑部一番擰耳跪鍊熬審，歷三、四時供出商同謀毒李毓昌，並將紅信給李祥收下，經李祥倒毒茶給李毓昌，怕毒性太輕毒不死李毓昌，因而與馬連陞、李祥、顧祥三人一同動手將李毓昌吊起，供詞與王伸漢、馬連陞等所供大致相同，唯王伸漢所許銀兩，包祥卻吞了一百兩。「……後來許李祥們的銀子，主人交出二百兩，我給過李祥們的銀子一百兩，那一百兩是我花用了是實。」（註一八）王伸漢貪財謀害職官，而其僕也是一位貪財的惡僕。本案重要罪犯，至此都供吐實情，全案終告大白。

五、審結情形

嘉慶十四年七月十一日，本案的會審軍機大臣慶桂等上摺先行定擬緣由，而嘉慶帝即於同日下旨凌遲處死包祥、李祥，並處斬顧祥、馬連陞。而王伸漢也應斬決，因尚有質對緣故，暫緩行刑。定擬奏摺節略如下：「臣慶桂等謹奏……此案已革知縣王伸漢因李毓昌查賑認眞不允揑報，欲行稟揭，輒聽信家人包祥毒計將秉持公正不肯扶同舞弊之員謀命滅口，殘毒藐法莫此爲甚，誠如聖諭實從來未有之事自應嚴辦示懲。王伸漢即依謀殺人造意者斬律擬監候請旨即行正法以昭炯戒；惟該犯尚有應與知府王轂同知林永升等質訊之處應俟王轂等解到訊明後再行辦理。包祥身充長隨膽敢爲伊主設計將李毓昌毒斃釀成巨案，與王伸漢厥罪，維均未便僅依謀殺加功律擬絞致滋輕縱，包祥應與王伸漢一律擬斬請旨即行正法。李祥、顧祥、馬連陞三犯以長隨家人跟從李毓昌查賑，膽敢貪利肆逆謀害本主均屬罪大惡極，李祥顧祥馬連陞均應雇工人謀殺家長照子孫謀殺祖父母父母者皆凌遲處死律凌遲處死。仵作李標……應依故出入罪因而還獲減一等律，於王伸漢斬罪上減一等杖一百流三千里，雖年逾七十不准收贖，僉發順天府定地發配至配所折責安置。……」（註一九）屍叔李泰清、幕友沈廷棟、僧人元福均獲釋寧。清仁宗同日即下旨批示如下：「……李毓昌查出王伸漢冒賑欲稟藩司之處，李祥先行密告包祥，轉告王伸漢。迨包祥與王伸漢謀害伊主亦先與李祥密商，該犯首先應允，商同顧祥馬連陞一同下手，是李祥一犯尤爲此案緊要渠魁，著派刑部司官一員將該犯解赴山東，沿途飭令地方官多派兵役防範，到東後交該撫轉飭登州府知府押至李毓昌墳前，先刑夾一次再行處死，仍著摘心致祭以洩憤恨。包祥首先設計狠毒已極著先刑夾一次再行處斬。顧祥、馬連陞二犯著各重責四十板、派刑部堂官秦瀛押赴市曹監視行刑……。」（註二〇）

兩江總督鐵保、江蘇巡撫汪日章、江寧布政使楊護，兼署江蘇按察使胡克家等均因本案受革職處分。嘉慶十四年七月十四日仁宗降旨切責：「又諭……李毓昌是日歸寓後被毒身死，而鐵保忽疑其在王仲漢席間中毒。因而遍詢同席之人致無影響轉將厨役拏究，昏憒糊塗已極。是其於案情關鍵亦全然不知，摺內空陳焦急之語猶欲再爲體訪實情豈不可笑。鐵保從前在司員及侍郎任內曾經屢獲愆尤，棄瑕錄用。自補放兩江總督以後不能敬愼辦公一味偏聽人言固執己見；辦河工則日見敝壞，講吏治則吏治日見廢弛。甚至有不肖劣員藐視法紀，逞其貪戾殘忍全無忌憚，致釀成如此奇案，而彼猶夢夢不知可謂無用廢物，不但不勝封疆重任亦何堪忝列朝紳，鐵保著革職，發往烏嚕木齊効力贖罪。汪日章身爲巡撫，於所屬有此等鉅案全無覺察如同聾瞶，尙不致於鐵保之固執謬見，伊年老無能著革職回籍。江寧布政使楊護於籌辦災務初尙認眞；惟於王仲漢冒領賑銀竟未能詳細查出，又於派往查賑委員被人毒害不訪查究辦，且該省連有告賑之案，其咎甚重應即照部議革職，姑念其平日辦事尙爲實心著留河工効力。兼署江蘇按察使胡克家（十四年六月已授爲漕運總督）於此等重案並不詳細指駁反覆推求，草率詳請具題，亦著部議革職留河工効力以觀後效。」（註二一）同日即下旨調閩浙總督阿林保爲兩江總督，以大理寺少卿史積容爲江寧布政使，以江蘇布政使蔣攸銛爲江蘇巡撫。稍後王伸漢及王轂皆伏誅、任所原籍家產皆抄歸公。

六、李毓昌所得的恩卹

李毓昌奉委查勘水災，居心公正立品端方，不肯揑報戶口侵冒賑銀，慘遭毒斃，清仁宗憫其慘遭奇寃，因而渥施沛恩，除加賞知府銜並照知府例賜卹外，並查明李毓昌服姪李希佐承繼爲嗣加恩賞給舉人准其一體會試以繼紹書香。案內惡僕渠魁李祥，於十四年八月初二日押解到山東登州即墨縣城外僧廟，於故員李毓昌柩前摘心致祭以申公憤而慰忠魂。清仁宗還親製憫忠詩五言排律三十韻爲李毓昌闡揚幽鬱，並命山東巡撫吉綸採取碑碣石料，發往摹刻俾循吏清風勸諸貞珉，用垂不朽。深得士民感激欽佩。其詩曰：

君以民爲體　宅中撫萬方　分勞資守牧　佐治倚賢良
切念同胞與　授時較歉康　罹災逢水旱　發帑布銀糧
溝壑相連續　饑寒半散亡　昨秋泛淮泗　異漲並清黃
觸目憐昏墊　含悲覽奏章　痌瘝原在抱　黎庶視如傷
救濟蘇窮姓　拯援及僻鄉　國恩未周遍　吏習益荒唐
見利即昏智　圖財豈顧殃　濁流溢鹽瀆　寃獄起山陽
施賑忍吞賑　義忘禍亦忘　隨波等瘈狗　持正犯貪狼
毒甚王伸漢　哀哉李毓昌　東萊初釋褐　京邑始觀光
筮仕臨江省　察灾莅縣莊　欲爲眞傑士　肯逐黷琴堂
揭帖纔書就　殺機已暗藏　善緣遭苦業　惡僕逞凶鋩
不慮干刑典　惟知飽宦囊　造謀始一令　助逆繼三祥
義魄沉杯茗　旅魂繞屋樑　棺尸雖暫掩　袖血未能防

骨黑心終赤　誠求案盡詳　孤忠天必鑒　五賊罪難償
癉惡法應飭　旌賢善表彰　除殘警邪慝　示準作臣綱
爵錫億齡煥　詩褒百代香　何年降申甫　輔弼協明揚（註二二）

三百字的憫忠詩，情文並茂，字裏行間充分表露清仁宗嫉惡如仇，痛恨貪黷的心態。對李毓昌的公正品端歌頌褒獎有加，他的冤抑亦得以申雪。

七、結論

清朝於地方水旱偏災，屢有發帑拯濟，本欲使顛沛窮黎咸登衽席，地方職司即當照定例分極貧次貧戶口實心撫卹；但不肖州縣卻不認眞經理且竟從中侵蝕，私肥囊橐。官吏多一分侵蝕而窮黎即多幾許餓殍，直向垂斃飢民奪其口食，這種行爲如盜賊有過之而無不及。爲此政府特派查賑委員，會同查辦互相稽覈以杜弊源；但委員中存心公正甚少，與不肖官吏扶同舞弊之人轉多。本案李毓昌查賑遭王伸漢毒害，就是一個很好的例子。李毓昌的冤死奇案，後來雖眞象大白得以伸雪，並得到隆厚恩卹，但人死不得復生，於本人又有何益。經由本文的探討，除了對清嘉慶朝地方官吏貪黷，僕役重利忘義的一面有更深一層的瞭解外，也使我們清楚當時審明刑案也是以驗屍報告爲準，仵作（現在的法醫）驗屍是否認眞，可以作絕然不同的判決。足見審案必須注重證據。這也是本文撰述的另一項重要內容。

【附註】

註　一：嘉慶十四年五月方本上諭，第二六七頁，五月廿一日：「臣等遵旨交吏部查明李毓昌身故該省如何報部，據吏部送到揭帖科抄各一件，查係江蘇巡撫……。」

註　二：嘉慶十四年七月方本上諭，第二一一頁，七月十一日，李泰清供。

註　三：大清仁宗睿皇帝實錄卷二一三頁二十五，總號三一〇五。十四年五月辛未（十二日）條。

註　四：宮中檔嘉慶朝奏摺第〇一四五三五號。嘉慶十四年六月十六日署山東布政使按察使朱錫爵摺。

註　五：宮中檔嘉慶朝奏摺第〇一四六五九號。無年月，可能係吉綸密札令朱錫爵密奏之附片。

註　六：宮中檔嘉慶朝奏摺第〇一四二九八號。嘉慶十四年五月廿五日兩江總督鐵保摺。

註　七：嘉慶十四年五月方本上諭，第三三七頁，五月廿五日條。

註　八：嘉慶十四年六月方本上諭，第三〇三頁，六月廿三日條。

註　九：嘉慶十四年六月方本上諭，第三四九頁，六月廿六日條。

註一〇：嘉慶十四年六月方本上諭，第三八九頁，六月廿八日條。

註一一：嘉慶十四年六月方本上諭，第四〇三頁，六月廿九日條。

註一二：嘉慶十四年六月方本上諭，第四一〇頁，六月廿九日條。

註一三：宮中檔嘉慶朝奏摺第〇一四六八三號，嘉慶十四年六月廿九日軍機大臣字寄上諭。

註一四：大清仁宗睿皇帝實錄，卷二一五，頁二，總頁三一五一，嘉慶十四年七月己未（初一）條。

註一五：大清仁宗睿皇帝實錄，卷二一五，頁四，總頁三一五二，嘉慶十四年七月庚申（初三）條。

註一六：嘉慶十四年七月方本上諭，第十一頁，七月一日條。

註一七：參看蕭一山先生著「清代通史」，卷中，第一篇，第二七九頁。「殺官滅口之奇冤」節。

註一八：嘉慶十四年七月方本上諭，第二一五頁，七月初九日條。

註一九：嘉慶十四年七月方本上諭，第二三九頁，七月十一日條。

註二〇：宮中檔嘉慶朝奏摺第〇一四九九三號，嘉慶十四年七月十一日奉上諭。

註二一：大清仁宗睿皇帝實錄，卷二一五，頁三五，總頁三一六八，嘉慶十四年七月壬申（十四日）條。

註二二：嘉慶十四年七月方本上諭，第二二二頁，七月九日條。

清宣宗勞民傷財三千里東巡

前言

滿清自西元一六四四年入關，以異族統一天下，爲消彌種族畛域，處處效法漢族的風俗習慣，晉而提倡中華固有道德文化，俾收攬民心。「愼終追遠」、「祭祖謁陵」本是我中華民族悠久傳統，清朝皇帝自然定當效法，除每年定期晉謁直隸境內的東、西陵之外，更有擇期率屬遠赴關外，經歷三千餘里，巡幸奉天、興京、盛京，以晉謁祖陵之舉，雖勞民傷財亦在所不惜。清朝自康熙至道光，共計舉行十一次之多，道光九年清宣宗之東巡謁陵便是最後一次。玆將這次東巡謁陵略加敍述，以明瞭清朝皇帝晉謁祖陵的經過。

清帝祖陵的介紹

興京（現在遼寧新賓）城西有啓運山，林木葱鬱，其間有清朝的永陵，葬有清之肇祖（孟特穆），興祖（福滿），景祖（覺昌安），顯祖（塔克世）諸帝皇帝后。清世祖於順治八年（西元一六五一）

十月封肇陵，興祖陵曰啓運山；景祖陵，顯祖陵曰積慶山。到了順治十六年九月廿三日世祖尊興京祖陵合稱永陵。盛京（瀋陽市），清太祖天命十年（明熹宗天啓五年，西元一六二五）開建，到清太宗崇德元年（西元一六三六）才竣工費時十一年。盛京爲愛新覺羅氏之發祥地，清太祖定都於此，太宗天聰八年（西元一六三四）尊爲盛京。世祖順治元年（西元一六四四）始遷都北京，盛京便派內大臣、副都統及八旗駐防，後置戶、禮、兵、刑、工五部，各官俱由京師銓選，因此不置吏部，世宗雍正八年（西元一七三〇）後又設滿洲尚書一人總理五部，掌管有關三陵維護及祭祀行營相關事務。三陵即所謂東陵、北陵（在盛京附近），永陵（興京附近）。東陵通稱福陵位於盛京東二十里的天柱山南麓，葬清太祖（努兒哈赤）與皇后之墓，始建於清太宗天聰三年（西元一六二九），完成於天聰八年（西元一六三四），總面積四百餘公頃。陵墓面積一一公頃。北陵通稱昭陵，位於盛京西北十里的隆業山，葬清太宗（皇太極）與皇后之墓，始建於太宗崇德八年（西元一六四三），完成於世祖順治八年，總面積三三〇公頃，陵墓面積一六公頃。

謁陵經過

清宣宗於道光九年八月十九日奉皇太后（仁宗孝和睿皇后）晉謁盛京祖陵。事前，宣宗於八月初二已派定親王奕紹、大學士托津，尚書湯金釗，明山留京辦事，每日卯刻進宮，四人分日輪班在內值宿，不值宿者於申刻散直。並於八月十六日下旨規定此次前詣盛京恭謁祖陵，應行送駕人員俱著仍用常服；將來回鑾接駕，除有謝恩等事人員遠迎兩三站外，其餘均在燕郊接駕。十九日，道光皇帝奉皇太后自東華門啓鑾，帶領隨皇太后等行營當差官員兵丁（註一）及隨往盛京文武部院旗營各衙門官員章程兵丁匠役等（註二），着派富僧德與福克津一同輪流帶領後扈，朝興京永陵出發。並降旨嚴飭蹕路經過州縣、各地方官不得藉端科派絲毫擾累；但念及安設行營修除道路未免有資民力，自應加以體卹，命直隸總督那彥成，奉天府尹興科查明各該地方本年應徵錢糧數目，酌量蠲免以示皇帝軫念民瘼覃敷闓澤至意。是日駐蹕燕郊行宮。以後日日前進，每晚駐蹕行宮大營。先後駐蹕過白澗行宮，陳新莊大營，八里鋪大營、五里墩大營。八月廿四日抵柳新莊大營，宣宗頒旨賞給直隸地方所有沿途辦差綠營兵丁一月錢糧以昭恩賚。廿五日宣宗據直隸總督那彥成奏本，爲了普著加恩將大興，通州，三河、薊州、遵化、豐潤、玉田、灤州、遷安、盧龍，撫寧，臨榆等十二州縣本年應徵地糧蠲免十分之五，旗租蠲免十分之三並令戶部立即遵行，是日駐蹕夷齊行宮。次日經臨盧龍縣，駐蹕朝陽坡大營。廿七日出山海關駐蹕深河河西村大營。廿八日，宣宗由深河河西村大營至文殊庵行宮因道路泥濘，所乘之菊花青馬失蹄，原引馬壓馬官交部議處，改由蘇清阿擔任。廿九日自姜女廟至西店子一帶泥淖難行，駐蹕中前所大營。三十日行經陡坡臺一帶御道，駐蹕周家村西大營。九月初一，駐沙河所東大營。初二，頒旨加恩關外各屬，允宜渥沛恩施，所有鑾輅經臨之承德、新民、廣寧、錦縣、寧遠五廳州縣，本年額徵民地銀兩及應徵人丁銀兩著加恩全行蠲免。其幫辦差務之岫巖，遼陽、海城、蓋平、復州、海開、鐵嶺、義州九廳州縣，本年額徵民地銀兩並應徵人丁銀兩着加恩蠲免十分之五以示皇帝親民敷錫至意。是日駐蹕五里河村大營。九月初三據管理行營事務內務府大臣戶部尙書宗室禧恩等具奏，本日駐蹕杏山大營，所有應用紅蘿炭及一切器皿蓆片等項均未照例豫備並無承應之人亦無抬運夫役實在疲玩，命奉天府尹興科及盛京將軍奕顥查明承辦之員。次日，盛京將軍奕顥等參奏辦理杏山大營貽誤差務之署錦縣事候補同知傅鍾琢，下旨先行摘去頂帶，因該員尙有承辦興隆屯、金剛屯大營並代昌圖廳辦理蔣家店大營及回鑾差使，着仍責成妥辦，是日駐蹕興隆屯大營。初六、初七都停留在北鎭廟行宮。初八日，宣宗下旨云：「朕自八月十九日自京啓鑾前詣盛京恭謁祖陵，經過關內關外秋成豐登，閭閻安謐，黃童白叟夾道歡迎，實深嘉悅。仰惟我朝肇基東土二百年來，列祖列宗厚澤深仁周徧寰宇。朕鑾輅經臨瞻雲就日，載出於至誠，可見小民具有天良。朕無日不以敬天法祖，勤政愛民爲念。封疆大吏當仰體朕意潔己惟清，涖事惟公，嚴貪冒之防，戒因循之習，務期大法小廉，吏治蒸蒸日上，俾民皆安居樂業，尊君親上之心油然自生。風俗益厚、人心益淳有厚望焉。」上諭一道，傳諭中外，駐蹕常家屯。初九日，前移駐蔣家店大營。初十日，進駐黃旗堡大營。十一日，奇善，景年及朝鮮國使臣李相璜等在老邊大營跪迎聖駕。十二日，派御前侍衞載銓、乾清門侍衞吉陵阿，刑部右侍郎鍾昌於十三日恭謁永陵查看紅樁；派御前侍衞法克星，乾清門侍衞奕紀，理藩院右侍郎常文於十七日恭謁福陵查看紅樁；派御前侍衞道慶，乾清門侍衞祥雲、工部右侍郎保奕經於十七日恭謁昭陵查看紅樁。是日駐蹕大臺大營。（紅樁即陵墓界碑，另設有白樁青樁以禁百姓逾入）。十三日，因承修橋樑並不實心經理，以致蹕路經過後正橋即有塌陷之處，承德縣知縣保定交部嚴加議處。誠端，與科督飭不力俱着交部議處，奕顥亦有督催之責着交部察議。是日駐蹕噶布垓大營。十四日，宣宗在行營帳幕親射，並檢閱盛京官員及兵丁等射，因敬徵、桂輪所備弓矢妥當，分別恩賞穿黃馬褂。是日駐蹕蓮花背大營。十五日，宣宗在行營帳幕檢閱吉林官員及兵丁等射。先因十四日有驚馬馳入西面白布城，值班之護軍統領、副護軍參領，護軍校暨護軍等，未能將驚馬攔阻，實特屬疏忽，經長齡參奏因念當時即將驚馬拏獲，著加恩從寬，將章京阿勒經阿，富忠改爲交部議處，護軍校及護車俱着免其革退交該護軍統領從重鞭責以示懲儆。本日駐蹕上夾河西大營。十六日，宣宗恭謁永陵，未至碑亭即降輦步入啓運門，詣寶城前行禮。王以下文武大臣官員均隨行禮，禮畢宣宗謁行宮中所請皇太后安。是日駐蹕夏園行宮。十七日，宣宗恭祭永陵，未至碑亭即降輦步入啓運門，行大饗禮，率王以下文武大臣官員等行禮。禮成後，檢閱興京城，詣顯佑宮，關帝廟拈香，於行宮中所請皇太后安。夜仍駐夏園行宮。當日宣宗諭內閣：「各省將軍，副都統等向例年班輪應一人入都陛見，此次朕親詣盛京恭謁祖陵，該處自將軍以至總管均已挨次召見矣，所有本年盛京輪應年班之將軍，副都統、侍郎、城守尉總管等，均着不必入都陛見，明歲再行照例陛見」。次日再啓程回到上夾河西大營，經噶布垓大營，朝福陵出發。廿一日宣宗率屬恭謁福陵，未至碑亭即降輿慟哭，步入隆恩門，詣寶城前行禮，躬奠哀慟。王以下文武大臣官員均隨行禮，禮畢臨宏毅公額亦都墓前酹酒。宣宗詣行殿請皇太后安，駐蹕馬關橋大營。廿二日宣宗再度祭福陵，行禮如前。禮畢、宣宗駕臨武勳王楊古利墓前酹酒，駐蹕瓦子峪大營。廿三日宣宗恭祭昭陵、行大饗禮，未至碑亭即降輦步入隆恩門率王以下文武大臣官員行禮，禮成至盛京。詣太廟尊藏册前行禮，禮畢進大清門，御崇政殿，賜御前大臣及蒙古王公等茶畢，宣宗詣大清門內跪迎皇太后，詣東所介祉宮請皇太后安侍茶。該日宣宗復遣官祭福陵之壽康太妃（太祖妃），昭陵之懿靖大貴妃、康惠淑妃（太宗妃）並公主園寢，其親王貝勒及大臣等墓以次遣官往奠。宣宗並於是日降諭一道：「朕恭謁祖陵巡幸盛京，所有奉天府屬錢糧及各莊頭糧石俱已分別施恩，其盛京等處旗地亦應普加惠澤，着將盛京、興京、遼陽、牛莊、蓋州、熊岳、復州、金州、岫巖、鳳凰城、開原、錦州、寧遠、廣寧、義州等十五處旗地應納本年米、豆、草束，免徵一半，其道光八年以前積欠並着該部查明一併寬免。至各壯丁應完本年丁米亦着免其輸納，俾旗人均霑實惠，該部即遵諭行。」又奉諭旨「朕此次展謁祖陵駐蹕盛京，所有民田旗地蠲租賜復業已分別施恩。惟是本年奉天所屬州縣田禾雖屬有秋，朕巡歷所經軫念貧民拮据，益當加意惠解，無令失所，着該將軍府尹等查明各州縣地方如有間被偏災，應行賑濟及蠲緩之處即奏聞辦理。」並加恩寬免盛京各莊頭應交道光九年分倉糧五千八百餘石，其需各匠役口糧即於舊存倉糧內撥給以示優恤旗莊至意。自八月廿三日（甲寅）至廿九日（庚申）宣宗等都駐蹕盛京舊宮。廿四日，宣宗詣先師孔子廟、天壇、堂子行禮。駕臨克勤郡王岳託墓賜奠酹酒後，宣宗再詣東所介祉宮請皇太后安，於嘉蔭堂侍午膳，並降旨追念開國諸王勳績懋著，推恩後嗣以獎成勞，其旨內容如後：「……除睿忠親王（多爾袞）後嗣已加恩外（仁壽賜三眼花翎），禮親王（代善）全齡著加恩賞戴花翎，鄭親王（濟爾哈朗）烏爾恭阿着補授正白旗蒙古都統，豫親王（多鐸）裕全着賞戴花翎、肅親王（豪格）敬敏之子華豐，克勤郡王（岳託）尚格之子承碩俱着晉封為不入八分公（凡宗室封爵十二等之一），順承郡王（勒克德渾）春山着賞戴花翎，莊郡王（胤祿）奕賚有應繳伊父綿課罰賠工程銀十萬兩着寬免銀五萬兩以示朕眷懷勳舊至意。」二十五日，宣宗以恭謁祖陵禮成，御臨盛京崇政殿，王公大臣，蒙古王公、貝勒、貝子、額駙、臺吉並盛京宗室覺羅、將軍官員等及朝鮮國使臣行慶賀禮，禮成頒詔天下。詔曰：「朕惟典紀巡方，備着隆儀之懋舉，禮崇報本，尤思基緒之丕承，故勤展覲於珠邱。恪修禋祀，更布精誠於玉瓚，敬迓蕃釐。緬夫遼海隩區，陪京舊蹟，弓劍肇開夫駿業，車書式廓夫鴻圖。在昔虎踞龍蟠實鍾瑞氣，迄今瓜緜椒衍永迪前光。溯夫聖祖三巡，高祖四謁，皇考御極以後再詣橋山，恭申景慕。朕寅承大統，篤念貽謀，仰締造之宏規，懍顯承於盛烈，幸際時調玉燭，歲奏金穰，況乎巨憝生擒膚功告蕆，感昊蒼之甄貺，慶寰海之鏡清，皆由世德作求重熙累洽。茲者欽承懿命，恭侍安輿虔舉香車，追孝享於道光九年秋祇謁永陵、福陵、昭陵。蠲潔升歆誕膺多祜，謹循成憲爰莅留都，臚茂典以遵行，昭上儀之景鑠，用施闓澤，特沛恩綸，所有合行事宜條列於左：

一、隨從王等，紀錄三次，大臣官員及奉天文武大臣官員，三陵守衞官員俱加一級。

一、隨從兵丁及內務府執事人等俱賞一月錢糧，所賞錢糧俱在盛京發給。

一、奉天及山海關文武大臣官員兵丁，三陵守衞官兵，俱賞賚。

一、奉天居住之宗室覺羅及國戚子孫並移駐宗室俱賞賚。

一、奉天府屬應徵道光十年分地丁銀兩全行寬免。

一、奉天旗民男婦，七十至九十以上者分別賞賚。

一、盛京試職官員俱准實授。

一、奉天吉林黑龍江等處，除十惡死罪不赦外，其餘死罪俱減等，軍流以下寬釋。

於戲，告武成於九廟，繼序毋忘，彰孝治於八埏，承庥罔替，萱闈集慶，允膺祉福之增，蔀屋臚歡，共抱尊親之戴，布告天下咸使聞知。」午刻時分宣宗御臨崇政殿，賜王公大臣蒙古王公貝勒貝子額駙並盛京吉林將軍等飯，賞賚有差。廿六日（丁巳），宣宗詣清寧宮神行禮畢，再詣東所介祉宮請皇太后安進肉，召隨駕王公大臣蒙古王公貝勒貝子額駙並盛京吉林將軍等食肉。並下諭旨曰：「朕恭謁祖陵禮成，總理行營王大臣禧恩、瑪呢喇馬齡、文孚著加恩各賞紀錄四次。」後又降旨：「昨因朝鮮國王遣使迎鑾齎表修貢業經頒賜御書扁額（纘服揚休）並加恩賞賚，茲再加賜御書福字壽字各一方用示朕篤念外藩錫祺介祉至意。」並頒旨賞銀隨扈大員如下：奕顥着賞銀一千五百兩，常明、左廷桐、奇明保、多山、凱音布、那丹珠、特登額著各賞銀四百兩，誠端、興科、彭浚著各賞銀三百兩。總管金奇賢、德勒啓善、花良阿、掌關防官書昇、倭什渾、訥們達賚、盛京內務府佐領克興額、慶齡、明奎、著共賞一千兩。回鑾事宜幾經按排就緒。九月卅日（辛酉），宣宗奉皇太后回鑾，離盛京，便沿原路線回京，至十月廿四日（己酉）駕進宮。這三千里路的東巡謁陵，既勞民又傷財，耗時兩月有餘，此時終告一段落。

【附註】

註一：宮中檔道光朝第一二四六五號隨皇太后等行營當差官員兵丁數目單。

註二：宮中檔道光朝第一二四六六號隨往盛京文武部院旗營各衙門官員章程兵丁匠役等項人數。

太平天國幼主被捕經過的探討

前言

清同治三年（西元一八六四）六月十六日，太平天國的天京（江寧）爲曾國荃率領湘軍所攻破。從此太平軍失去憑藉，如喪家之犬，到處流竄。逃出的忠王李秀成首遭捕殺，後來洪仁玕（干王）、洪仁政（卹王）、洪天貴福（幼主）等相繼被擒，並先後奉旨凌遲處死。由於未能檻送京師，因此傳說紛紜，如清代祕史初輯言洪天貴福是美洲舊金山三合會第一代始祖。詳載如后：

「或曰……美洲之舊金山，有三合會，祕密結社之一也。其第一代始祖爲齊福天，隱號爲三水共合，而以排滿爲目的者也。初洪秀全曾遣洪仁玕，使美，考察外事，曾忠襄將克江寧，仁玕挾福瑱赴廣德，遂爲黃文金迎入湖州，仁玕福瑱胞叔也。時浙軍攻湖州，大勢岌岌，旦夕且破，仁玕謀於黃文英、李遠繼、譚體元、楊輔清等，欲令福瑱他適，以存洪氏一線之胤，爲他日恢復之漸，而知國中決不能容身，乃創避入美洲之議，衆均贊成。文金欲挾仁玕往，仁玕不可，曰『美洲識我者多，恐機事不密，輔王堅忍有急智，盍以屬之。且東王與天王共首事，不可令漸滅無後。』衆又從之。輔王爲楊輔清，秀清弟也。仁玕有一西友，即前導之遊美者，尙在左右，金石交也。仁玕以福瑱屬之，資以財賄，涕泣而別。時福瑱年十六也。間關道路，屢頻於險，卒達上海而至美洲，輔清實從，遂爲美洲三合會開幕之始祖。三水共合者洪也，齊福天者即洪福齊天，隱指洪福瑱也。」（註一）至於沈葆楨所處死的幼主又是誰呢？同書又記載道：

「蓋前此江南浙贛諸軍，以幼主互相紛擾，忽無其人，恐干朝廷詰責。於是授意囚俘，於不知誰何所俘小兒之中，任擇一人而強名爲洪福瑱，更取年僅四歲不知人事之李其祥伴附之，聊以宣布證實。朝廷亦微知之，恐逋寇更僞，挾以爲名，而後患之無已時。故謂么麼小醜，不値檻送京師，就磔於市。」（註二）由於有這樣異於一般的記載，使我對太平天國末期幼主等逃亡被捕的事情發生興趣。現就國立故宮博物院所珍藏的軍機處錄副奏摺，以幾個問題的討論以窺知太平天國末期的眞象。

甲、幼天王的出生命名及登基

洪天貴福的身世據其供詞云：「年十六歲，在廣東花縣生長，父親老天王洪秀全，今年五十三歲，有八十八妻，我係第二房賴氏名蓮花所出，現年四十多歲。我有兩個兄弟均係十一歲，一名天光，封爲光王係第十二母陳氏所生。一名天明，封爲明王係第十九母吳氏所生。並有兩姊三妹均不同母的。我有四妻，年紀均與我相仿，一侯氏（安徽人），一張氏（湖北人），兩個姓黃氏（廣東人），均未生子。」（註三）

洪天貴福的出生命名洪仁玕供云：「那僞天王的兒子名貴福、誕生時有羣鳥集於屋上，飛鳴數日，衆人皆知。僞天王因要把他兒子取名，小的就預寫紙條多張於筒內。僞天王用筷錐起得天貴二字，僞天王不知何意，改取貴福二字。」（註四）因此幼天王一名洪天貴又名貴福，亦名洪天貴福。

洪秀全於太平曆十四年（同治三年）四月十日生病，十九日病死。洪天貴便由洪仁發（封信王）、洪仁達（封勇王）蕭有和（封幼西王）就于四月廿四日扶他接位幼天王。據洪天貴福供云：「父親平日常食生冷，自到南京後，以蜈蚣爲美味用油煎食，于今年四月初十日起病。四月十九日病死。」又云：「王長兄信王洪仁發，王次兄洪仁達，幼西王蕭有和，他們就于四月廿四日扶我接位爲幼天王。一切朝政係信王洪仁發，勇王洪仁達，幼西王蕭有和，安徽歙縣人沈桂四人執掌，洪仁達並管銀庫及封官錢糧等事，兵權是忠王李秀成總管。」（註五）

乙、幼天王的逃亡及被捕經過

據洪天貴供云：「六月初六日（太平曆十四年）五更時，我夢見官兵把城墻轟塌，擁進城內，醒來告知兩弟。不料是日午後，我在樓上望見官兵果然把那裡城墻轟塌，進城內。忠王李秀成及尊王劉慶漢們帶了一千多兵、馬六七百匹於初更時保我從太平門缺口處衝出，官兵在城墻上看見，追來至山邊，李秀成轉身攔截官兵，後同洪仁達均被擒獲，那沈桂都稱他爲沈眞人亦於那時被砲子打死，洪仁發于破城時投水身死，我的兩個兄弟天光天明及母妻，均在南京城內。」又供：「我自南京動身，由湻化鎭過到不知地名與官兵打仗，彼此均陣亡不少，我兵死的更多。官兵原想燒斷浮橋，被我兵搶渡，行至前面地方遇見官兵，我們的馬匹丟失甚多，軍裝亦拋棄不少。共走了四五日至廣德州。那干王洪仁玕從湖州帶兵來到廣德州並辦好了些貢物，那卹王洪仁政亦從湖州來到。那幼西王蕭有和在廣德州病死。我們在廣德州住了有半個多月，干王洪仁玕，堵王黃文金們因知侍王李侍賢已來江西。就于七月不記日子帶了七、八萬兵，保我從廣德州起身來江西與李侍賢會合，列王黃宗帶了花旂軍在前開路。花旂軍有多少我亦不知。養王吉慶元，堵王黃文金，昭王黃文英各帶兵分三路行走，我祇穿了藍白單夾長褂，頭紮縐紗巾，脚穿鞋子，沿途騎馬，經過的地方均不知名。到國墩的地方，遇見官兵戰敗到一處，有大河離徽州不遠與官兵打仗獲勝。我們過了河，有首王范汝增帶了萬多人，未及過河官兵砲船來了都被打散了。又到一處屯溪不遠遇見官兵，我騎馬先走。尊王劉慶漢在後打仗官兵退去。到一大山又遇官兵打仗，我們馬匹丟失不少，官兵追了七八里才轉去的。到第二日又遇官兵，我的花旂兵戰勝。那日到離河口不遠，楷王譚體元帶了他的隊伍因與官兵打仗，走往光澤縣去了，到了橫村譚體元才來合隊的。到唐坊又與官兵打仗，官兵大勝追到楊家牌，那日三更時分官兵猝至把我衝散，我獨自一人騎騾子過橋走了幾里看見官兵來了我跌下坑去。官兵過去我就上山，在山上餓了四天遇見了一個白衣無鬚長人給我一個茶碗大的麵餅在手，那人忽不見，我把餅吃了又在山上過了兩天，到第六天下山央人剃了頭到唐姓家。那唐姓就叫我幫他割禾。有人盤問，我揑說瑞金人。在唐家住了幾天出來到白水鎮。到高田地方遇見官兵向我要金銀，沒有把衣服剝出，並要我挑擔致被盤出拿獲的。」（註六）從洪天貴的供詞很明白地知道他逃亡被捕的經過，同年九月廿五日幼天王為席寶田軍搜獲，十月初五日解至南昌，經審訊後，於二十日處死。（註七）

隨同洪天貴自南京逃出來的諸王，據其親書的名單如下：

忠王李秀成、尊王劉慶漢、養王吉慶元、著王許茂才、藩王黃萬興、濃王李秀輝、式王蕭三發、虔王姚克剛、開王賴文揚、模王蕭朝興、幼西王蕭有和（註八）

丙、幼天王的打油詩及讚美詩請安詩

㈠甲子年（同治三年）十月初六日洪貴福寫（註九）

右頌唐家桐哥哥詩三首

跟倒長毛心難開，東飛西跑多險危；
如今跟哥歸家日，回去讀書考秀才。
如今我不做長毛，一心一德輔清朝；
清朝皇帝萬萬歲，亂臣賊子總難跑。
如今跟到唐哥哥，惟有盡弟道恭和；
多感哥哥厚恩德，喜謝哥恩再三多。

從以上三首打油詩中得知幼天王的幼稚無知，非但不以太平天國之亡爲念，甚至還想考秀才，眞是可憐可悲。

㈡七日禮拜讚美詩（註一〇）

讚美上帝聖神爲天帝父，讚美基督爲救世天聖主

直道豈與　　世道相同

能救人靈　享福無涯
智者踴躍　接之爲福
愚者省悟　天堂路通
天父鴻恩　廣大無邊
不惜大子　遣降凡間
捐命代贖　吾儕罪孽
人知悔改　以得昇天

食飯感謝云：
感謝上帝祝福有衣有食無災無難以得昇天

㈢請安詩（註一一）

(1)早朝請安本章
小子天貴福跪請
爹爹寬心安福坐
爹爹萬歲萬歲萬萬歲跪請
爹爹聖體安否求
爹放寬聖懷永坐天國萬萬年。

(2)早飯請安

小子天貴福跪請

爹爹寬心安福食宴。

(3)午時請安

小子天貴福跪請

爹爹寬心安福坐跪請

爹爹身安否請爹寬心。

(4)夜飯請安

小子天貴福跪請

爹爹寬心食宴食畢放寬

聖懷安福睡。

以上讚美本章及四首請安詩中得知太平天國的天朝宗教色彩異常濃厚，體制分明，天主對子女的管教亦相當的嚴格。卻不是一塊可造之材。

丁、洪秀全的死因及其遺體處置

洪秀全的死因，記載互異，試探索之：

(一)從同治朝起居注册上記載看：

(1)「同治三年六月廿九日戊戌，是日辰刻欽差大臣協辦大學士兩江總督曾國藩馳奏，紅旗捷報克復江甯，剿滅逆匪，又奉諭旨……克復江寧省城，逆首自焚，賊黨悉數殄滅，並生擒李秀城（成），洪仁達等逆一摺……又據城內各賊供稱首逆洪秀泉（洪秀全）實於本年五月服毒而死，瘞於僞宮院內，僞幼王洪福瑱（洪天貴）重襲僞號。城破後，洪福瑱積薪自焚。李秀成一犯，城破受傷匿於山內民房經蕭孚泗親身搜出擒獲，僞王次兄洪仁達……。洪秀泉屍身覓獲後剉屍梟示仍傳首被害地方以洩衆憤……。」

(2)「同治三年十月十一日戊寅又奉諭旨沈葆楨奏官軍追剿敗匪生擒首逆幼逆洪福瑱一犯，前于江寧攻克時，據擒賊供稱該逆積薪自焚，嗣據左宗棠探明洪福瑱已潛逃……九月廿五日遊擊周家良於石城荒谷中將洪幼逆拏獲，該犯雖係洪秀泉之子而么魔小醜，漏網餘生亦不值檻送京師，著沈葆楨即將洪福瑱在江西省城凌遲處死以快人心。」

(二)從洪天貴供詞看：

「……父親于今年四月初十日起病，四月十九日病死，因何病症我亦不知。屍身未用棺槨裹以隨身黃服，葬于御林苑山上。宮內有前後兩個御林苑，父親葬身係在前御林苑，距父親生前住的前殿隔有兩個殿……。」（註一二）

(三)從洪仁玕供詞得知：

「四月十九日老天王升天，廿四日幼天王繼登基……。」（註一三）

「……至四月十九日我主老天王臥病二旬昇天……」。（註一四）

㈣蕭一山先生所著的清代通史記載道：

「先是，秀全以清兵攻城急，頗悔昔措施不當，妄疑秀成，噓唏泣下。太平曆四月十九日（陰曆爲四月廿七日）慨然謂左右曰『自古有帝王而爲俘囚者？』遂仰藥崩，年五十二歲。諸王以孤城垂危恐將士解體，祕不發喪。遣女官葬之於新天門外御林苑東邊山上，然內外喧傳已遍，始以二十四日扶秀全長子洪天貴福爲幼天王，年僅十六。」（註一五）

「……國藩既至金陵，有道州女子黃姓，曾充天宮女官，詣指秀全瘞屍處，六月廿七日始天宮內掘出。不用棺木，以繡龍黃緞包裹，胯脚亦係籠緞，頭禿無髮，鬚尚全存，已間白矣。左股左膀，肉猶未脫，乃舉烈火焚之。」（註一六）

洪秀全是否病死，亦或飲毒藥死，在整個太平天國京城之亡實無多大意義，而且洪天貴及洪仁玕在審訊供詞裏並沒有說謊瞞世之必要，洪秀全埋葬之狀況地點亦與供相同，屍體骨頭並沒有發黑而且股膀肉猶存，足見他並沒飲毒藥的推論當無多大錯誤。

戊、干王洪仁玕與忠王李秀成的合作及意見的簽駁

干王於己未年（太平九年）三月十三日到天京蒙天王封福爵，廿九日封義爵加主將。四月初二日改封開朝精忠軍師頂天扶朝綱干王。同年因獻計破清軍解圍天京，次獻計得杭州，而安徽省及上海亦淪入太平軍手中，後因清軍買通洋人助戰，進攻上海之計亦歸失敗。干王與忠王意見遂相左矣。

據干王洪仁玕供詞云：「己未年予由粵東到天京，我主天王念予少有聰慧，陞封各爵。繼封英王忠王等。各有奮興之志。忠王三次面求畫策，予曰此時京圍難以力攻必向湖杭虛處，力攻其背，彼必返救湖杭，俟其撤兵遠去即行返師自救必獲捷報也。乃約英王（陳玉英）處援安省，而忠侍王（侍王李世賢）即僞裝纓帽號衣一路潛入杭湖二處。因忠王隊內貪獲馬匹未得入城，即被緊閉城門復經開挖地壠攻入杭州。惟韃子城未破，料圍京之清兵撤動此刻不主在得地，忠王即約侍王由小路回師後，果大解京困，英王破頭關而入，侍王破燕子山而入，忠王兜殺句容一帶，三月廿六日解圍。四月初一日登朝慶賀且議進取良策，英王在救安省，侍王意取閩浙，獨忠王從吾所議云爲今之計自天京而論西距川陝，北距長城，南距雲貴兩粵俱有五六千里之遙。惟東距蘇杭上海不及千里之遠，厚薄之勢既殊而乘勝下取其功易成，一俟下路既得。即取百萬買置火輪貳千個沿長江上，另發兵一枝由南進江西，發兵一枝由北進蘄黃合取湖北則長江兩岸俱爲我有則根本可久大矣。乃蒙旨准即依議發兵覺爲得手及取蘇常等郡縣，後英王如議進取蘄黃，忠王由吉安府繞取郭州等縣，殊忠王憚于水勢稍漲即撤兵下取浙江。英王因忠王既撤亦急于解救安省遂失前議大局之計。後雖得杭州等郡而失一安省爲京北屏大有可虞之勢。殊忠王既撫有蘇杭兩省以爲高枕無憂不以北岸及京都憂，故予行文曉之曰自古取江山屢先西北而後東南。蓋由上而下，其勢順而易；由下而上，其勢逆而難。況江之北，江之南自稱爲中洲魚米之地。前數年京內所恃無恐者實賴有此地屏藩資益也。今棄而不顧，徒以蘇杭繁華之地，一經挫折必能久遠。今殿下云有蘇浙可以高枕無憂，此有激之談，諒殿下高才大志，必不能出此也。夫長江者古號爲長蛇——湖北爲頭，安省爲中，而江南爲尾。今湖北未得倘安徽有失，則蛇中既折，其尾雖生不久。而殿下之言，非吾所敢共聞也。後忠王覆以特識高見，讀之心驚神恐；但今敵無可敗之勢，如食果味及時，其未必苦，後凛遵云云。此後韃妖買通洋鬼交爲中國患，亦非力所能強爲謀耳。」（註一七）

忠王李秀成大破丹陽常州，蘇省各郡縣唯上海縣未下，礙有洋行恐傷和好，詔令洪仁玕前往商酌通商章程；據洪仁玕供稱：「我主知予在外洋四載，熟悉各邦洋人情性習俗而洋人亦知予識其舉動禮儀及天文地輿，曆數物理；必能和酌妥議通商和好章程，及降詔令予往蘇邀洋人來會頗能如議，而忠王自恃兵強將廣取上海如掌中之物，不依所議云：『我天王江山可以打得來不能講得來也。』衆洋人知不能和，乃去。仍多有保護洋行者。而忠王遂發師進取見是空城遂掠取洋樓物件，被洋人伏兵殺出具不意，敗回蘇省。此刻始信吾議，然究不肯認錯也。」（註一八）

至於干王洪仁玕簽駁李秀成的供詞云「將滁州交李昭壽鎭守一段原是，但滁州原守之將甚是妥善，而忠王念李昭壽同姓且有八拜之交及親誼內戚之情，調換鎭守，衆議沸騰。忠王堅原將出征而任李昭壽。蓋忠王品性之毛病原在變更不一多有貽誤，即蘇常調守迭更用人不當，致吳江先誤，隔斷蘇杭而蘇州之譚紹光（慕王）不服軍民以致杭嘉各專己見，不遵忠王之令。而朝廷差章王到蘇杭各郡辦糧，各亦閉城不納，皆由忠、侍王在外專靠章王（林紹璋）柔猾之言爲之耳目，不認王長次兄（安王洪仁發福王洪仁達）爲忠正之人，不信本軍師爲才學之士。因此忠王屢多非上推罪之言實不知己更多托信佞人之過也。推而言之，忠王之坐守蘇杭常嘉等郡縣，侍王之坐守句、漂、荊、宜、廣德等處，輔王（楊輔清）之坐守寧龍池州等處，章王之暗守蕪湖、繁昌、南陵、秣陵、丹陽等處，各得該地錢糧總兵自因，一任朝內詔諭催征毫未見各省郡縣多進糧餉以固糧本。迨至安慶失陷，英王昇天，章王畏罪棄江北不戰不守私自回京，哀饒生命，又求英王阬其不力之愆。那時英忠章王等俱忌予認眞直奏，殊知天王聖鑒不爽屢知章王之姦，內則蒙蔽不奏；外則陰結私行，故于辛酉（太平十一年）革予軍師銜及正總裁之職並英王章王等之不力也。旋復章王林紹璋之罪，不准王長次兄及予干與朝政，內則專任章、順王掌政，外則專任忠、侍、輔王掌兵，殊自壬戌春曾鮑兩軍下困天京，而忠王明知難以爲力詔諭屢催不動，而章、順王權在忠、侍王之下，哀求不來。予以蘇杭及天京與長江大勢順逆情形詳細陳說，始行悔悟。至壬戌七、八月間始行援京又欲自獲全功。於侍輔王未到之前即行轟發地壠，殊知壠未清，營內反行自傷不少，疊功不取。陳坤書又攻太平關不下，而忠王始行渡江破浦口江浦和州而上，因攻無爲不下撤兵。上游英霍山鳳陽等處，因無糧自困，於癸亥（太平十三年）春夏間狼狽返師，欲下攻楊州不克，其軍十去六、七。而雨花臺失守又不及救，反行放師下游蘇浙欲換蓄銳精兵以援京困，此時忠王在京而天王不肯放伊下蘇浙並降詔與忠王諭令催兵催糧一無覆奏，皆因忠王平日變遷不常臨急號令不驗之咎，卒至忠王力求親身下蘇浙催解兵餉，雖有此餉糧亦難救涸轍之困。癸亥秋冬際竟有蘇州撫（無）錫等叛將獻城與李鴻章既忠王亦幾幾不免，皆因忠王變遷不一之咎所致也。今觀其傳於得勝時細述己功，毫不旁及他人之策力；於敗績時即諉咎于天王、幼西王、及王長次兄駙馬等。雖世人不知內事而當時兵糧之權歸誰總握？諒內外必聞之者。西王王長次兄等之尊，天王不過榮親親守功臣之後而已，豈尺寸疆土糧餉得歸親臣及功臣後乎？諒天下亦共聞而知不待予之細辨也。予原存厚道不肯自毀誠恐閱者不揣其本而齊其末，致綱目之倒置耳。」（註一九）干王洪仁玕簽駁忠王李秀成的意見是根據李秀成的供詞可見曾約農先生所印吉字中營本第廿頁第六行等所發。得知干王與忠王之間的閒隙，有些地方也保留了忠王李秀成為人的眞蹟，足供研究者參考。

己、干王洪仁玕的感懷詩

洪仁玕受訊時年四十二歲，滿腹經綸，中西學識淵博，於九月廿七日寫詩一張以表心懷，特錄於後：（註二〇）

春秋大義別華夷，時至於今昧不知；
北狄迷伊眞本性，綱常文物倒顛之。
志在攘夷願未酬，七旬苗格德難侔；
足根踏破山雲路，眼底空懸海月秋。
意馬不辭天地濶，心猿常與古今愁；
世間誰是英雄輩，使企予嘆心頭恨。
××× ××× ×××
英雄吞吐氣如虹，慨古悲今怒滿胸；

玁狁伊周屢代恨，五胡亂晉苦予哀，
漢唐突厥單于犯，明宋遼金韃靼兇；
中國世仇難並立，免教流毒穢蒼穹。
北狄原非我一家，錢糧兵勇盡中華；
誑言兄弟相殘殺，豪士常與萬古嗟。

從這幾首詩中洪仁玕的民族意識表露無遺，英雄氣概萬千。

庚、堵王黃文金之死

昭王黃文英是堵王黃文金之堂弟，文英之被提拔全係文金之功勞，因此文英被捕後，在其供詞中對文金之死敍述甚詳。供詞云：「到七月間南京被官兵攻破，那幼天王帶了二三千人到廣德州與小的會合。當即約會堂兄堵王及胡鼎文（偽孝王）李遠繼（偽佑王）們一同竄來江西。動身時小的原騾馬各一匹，與偽天王在前騎坐同行。堂兄堵王以作後隊，不料行至寧國縣（今安徽省蕪湖）地方，偽堵王於七月二十幾，因病身故。那時寧國縣地方因沒人煙並因行走之際，無處措辦棺木，把堂兄偽堵王屍身用棉絮包捲埋在那路旁水溝內……」（註二一）黃文英又供：「後小的堂兄黃文金在寧國縣鄉下病故，口中含有金子一兩餘。恐百姓挖掘，所以埋在水溝的。他今年三十三歲，相貌兇惡，一手能舉二百斤是實。九月廿七日。」（註二二）黃文英後又供云：「……那天朝我是不願跟他了。我是無用之人，投誠也無用處，放我回去也無家可歸，只願死了。心中就是掛著兩件事，我王兄撫養之恩未報，他生前轟轟烈烈，病死了。干王怕官兵知道來挖了屍，不用棺木只用破棉絮包他，在埋水溝裏頭口中銜些金葉子，手上有個玉鐲而已，我心中萬分難過。」（註二三）洪仁玕親書供詞道：「直到廣德州，衆臣朝覲悲喜交集，魚水情濃，共議戰守良策，撤兵上游會合各省大隊欲再興大業，殊軍無戰志途遠士疲，在寧國墩堵王受傷昇天，人心寒懼，又威平因偕王兵變不能渡河……。」（註二四）蕭一山先生著清代通史云：「八月十八日黃文金護洪天貴福及洪仁玕等爲一路。沿途與清軍戰，至寧國出昌化，白牛橋爲羅大春所破，文金受砲傷而死……。」（註二五）黃文金的死從干王的供詞中知道是受傷而亡，黃文英卻要說是病故，足見兄弟情深一般。以上四種記載知道堵王黃文金是太平軍後期的勇將，奈因全軍鬥志消沉不幸中砲而死。保護幼王的軍隊也就潰不成軍了。

洪仁玕、洪仁政、黃文英的下場，我找到了如下的一道上諭：「同治三年十月十六日（癸亥）奉上諭沈葆楨奏拿獲兇悍逆首請旨辦理一摺，本年自江寧湖州克復後，漏網悍逆洪仁玕、洪仁政、黃文英等窮蹙奔竄擾及江皖，迭經官軍跟剿。茲由席寶田等軍將該逆等擒獲後訊取供詞。洪仁玕尤爲羣兇渠魁，十數年來毒江浙等省，生靈塗炭，實堪痛恨，著沈葆楨即將洪仁玕、洪仁政、黃文英就地凌遲處死，以快人心欽此。」（註二六）就這樣保護幼天王的三個太平天國大臣於十月廿五日同時被殺。（註二七）

結論

太平天國的史料浩如煙海，亦已付梓的亦復不少，僅就國立故宮博物院中所珍藏而未經發表的來探討有關幼天王被捕經過及洪仁玕簽駁李秀成等問題，以供研究太平天國歷史同道參考。

附錄：太平天國諸王列侯表

一等王	二等王	三等王	四等王	列侯
東王 楊秀清 西王 蕭朝貴 以下楊 韋亂後 封 英王 陳玉英 忠王 李秀成	南王 馮雲山 北王 韋昌輝 以下楊 韋亂後 封 安王 洪仁發 福王 洪仁達 干王 洪仁玕 輔王 楊輔清 侍王 李世賢	翼王 石達開 天德王 洪大全 以下楊 韋亂後 封 顧王 吳汝孝 贊王 蒙得恩 航王 唐正財 章王 林紹璋 慕王 譚紹光 堵王 黃文金 聽王 陳炳文 護王 陳坤書 納王 郜雲官 康王 汪海洋 歸王 鄧光明 金王 鍾　英	燕王 秦日剛 豫王 胡以晃 沛王 羅大綱 以下楊韋亂 後封 偕王　祥王 裕王　貴王 來王　列王 扶王　翰王 啓王　直王 適王　從王 端王　導王 湘王　比王 守王　佐王 佑王　柬王 昭王　咸王 對王　宗王 烈王　懷王 譽王　保王 會王　陪王 戴王　松王 首王　順王 梯王　邑王 李王　定王 廣王　崇王 格王　璋王 奏王　劉王 樂王　榮王 　　　襄王	頂天侯 護天侯 衞國侯 興國侯 鎮國侯

【附註】

註一：徐益棠編著清代秘史初輯，頁三五。

註二：同註一，頁三七。

註三：軍機處檔第二七四二箱，三五包一〇〇二三一號南昌府訊洪天貴福供壹本。

註四：軍機處檔第二七四二箱，三五包一〇〇二五三號南昌府提訊逆酋供同治三年九月廿七日。

註五：同註三。

註六：同註三。

註七：國防研究院編「清史」補編洪秀全記八，頁六一三三。

註八：軍機處檔第二七四二箱，三五包一〇〇二五四號。

註九：軍機處檔第二七四二箱，三五包一〇〇二四七號。

註一〇：軍機處檔第二七四二箱，三五包一〇〇二四八號洪貴福寫。

註一一：軍機處檔第二七四二箱，三五包一〇〇二四二號洪貴福寫。

註一二：同註三。

註一三：軍機處檔第二七四二箱，三五包一〇〇二三九號席營提訊逆酋鈔呈僞干王洪仁玕親書供詞。

註一四：軍機處檔第二七四二箱，三五包一〇〇二三八號洪仁玕廿七親供單。

註一五：蕭一山先生著清代通史卷下第一篇頁二七四。

註一六：蕭一山先生著清代通史卷下第一篇頁二七八。
註一七：同註十四。
註一八：軍機處檔第二七四二箱，三五包一〇〇二三九號席營提訊逆酋供鈔呈僞干王洪仁玕親書供詞。
註一九：軍機處檔第二七四二箱，三五包一〇〇二三七號洪仁玕簽駁李秀成口供詞單。
註二〇：軍機處檔第二七四二箱，三五包一〇〇二四五號洪仁玕詩一張。
註二一：軍機處檔第二七四二箱，三五包一〇〇二三三號南昌府提訊逆酋供黃文英供單同治三年九月廿七日。
註二二：同註廿一。
註二三：軍機處檔第二七四二箱，三五包一〇〇二四九號本部院提訊逆酋供黃文英供單。
註二四：軍機處檔第二七四二箱，三五包一〇〇二三九號席營提訊逆酋供鈔呈僞干王洪仁玕親書供詞。
註二五：蕭一山先生著「清代通史」卷下第一篇二八二頁。
註二六：同治朝三年十月下十六日長本上諭。
註二七：同註七。

天津教案之原因探討

前言

清代咸豐同治兩朝內憂外患加逼，成爲中國多事之秋；在內憂方面㈠洪秀全起事於道光三十年，直到同治三年六月十六日曾國荃拔金陵城，而洪秀全則早已病死，太平天國亡。㈡同治四年捻匪侵擾北方，清將僧格林沁戰歿。捻匪遂分東西二脈，相繼於六年、七年被平定。㈢道光二十五年回疆七和卓木作亂，回人遂於同治五年陷伊犂稱亂，陝西回匪於同治八年平定；而雲南、甘肅的回亂直到同治十二年才獲平定。㈣同治九年七月二十六日張汶祥刺殺兩江總督馬新貽，形成大案。在外患方面㈠自道光二十年鴉片戰爭暴發，道光二十二年中英訂立南京條約，中國遭受帝國主義侵略由此而起。㈡咸豐六年亞羅號事件發生。七年英法聯軍陷廣東，八年陷大沽，旋訂天津條約以和，十年英法聯軍入北京，咸豐帝避難熱河，再訂天津續約。㈢民教滋事案件頻仍，中外關係緊張。如(1)咸豐五年水師統領彭玉麐率兵勇毀江西望江樓下教堂，當時天津新議未成，法人及傳教之士不敢阻也。(2)咸豐八年廣西省西林縣知縣張鳴鳳將法國傳教馬神父論法處死，法人以此爲口實，與英國合師入犯，成爲英法聯軍之役。(3)同治元年二月法教士羅安當在江西南昌傳教，楚之紳士撰寫公檄痛詆該教不敬祖宗，並謂其藉宣講爲名，裸淫婦女及其他種種奸惡，將之描寫盡緻。公檄流傳入江西，羅教士請詰主事者，招南昌會試生童拆去教堂。搗毀習教之所，形成江楚教案。(4)同治元年教士文乃耳至貴州，夾沙龍地方團民強逼文乃耳等隨同祭賽，不從，團衆各抱不平，即擁文乃耳至州署，逼官立時正法。法公使哥士者諠譁於朝廷，同治四年提督田興恕爲此才被發往新疆効力，其他如四川酉陽一帶毆斃教士等教案層出不窮，這些都是教案發生的時代背景。

民教滋事案件，雖起於民間反對西教的輸入，而民衆燒毀教堂，殺戮教士教民卻直接妨礙中國對外發展關係，更產生政治經濟軍事文化等多方面的影響，在內憂外患的咸豐同治兩朝中便極具重要性。在所有民教滋事案件中殺戮外國人最多，而其影響最大的，要算是同治九年五月二十三日所發生的天津教案了。爲了使天津教案的產生原因能夠更確切的揭示出來，特撰本文就教於專家學者。

壹、天津教案發生的遠因

㈠中西不同思想的接觸，因而產生衝突。

儒家思想是中國傳統思想的主流，兩千年來一直支配影響著中國的社會，一般讀聖賢書的士大夫，便尊奉儒家思想爲正統，認爲世界上沒有其他任何思想與學說可以和儒家思想相比的，何況基督教對於人生與社會同樣具有指導與支配的性質與能力，當其在中國展開傳播的時候，自然招到中國士大夫和一般百姓的駁斥反對，認爲保衞國家民族，即在保衞此一儒家道統。中國之人自有中國之教，爲中國之子民，則當尊中國聖人之教。如同外國之人世守外國之教道理相同，因此不管外國人動機如何，他們在中國傳教，中國人自當拒絕；何況列強在中國傳教權的取得，大多係用武力強迫，容易使人認為其傳教的目的，在於以夷變夏，包藏禍心有陰謀呑倂中國之志。更有警惕於華夷之辯，所謂「諸夏退於夷狄者則夷狄之，諸夷進於中國則中國之。」而基督教的義理與節文有許多地方與國人以儒家為主的傳統與習俗大相逕庭，國人看來幾已淪入禽獸之域。為保存中華數千年一脈相承的衣冠文明，凡自認有繼承與化民重任的士大夫，自然要奮起對基督教加以嚴厲的駁斥，尤其對於基督教的禁止崇拜偶像，不祭祀祖先一事辯駁尤烈，猶如自絕其本也，本去則枝葉未有不善者；因為中國人祭祀祖先而可能獲得的民德歸厚的功效，較之其他更能普遍而深入於社會各階層、各個人；而西洋基督教竟以不拜偶像，禁止信徒供奉祖先為其信教的重要信條，在當時中國人看來，眞「異於禽獸者幾希！」這是思想上基本的衝突。

㈡基督教在華傳教事業中被滲入了侵略的特質。由於這種特質而衍生許多具體的問題：如查還教堂教產的煩難，教士身份地位的特殊、行為的逾分等等，給予國人困擾的深重，加深國人仇教的心理，更為外人所不易體會的。

㈢外國教士憑藉條約，享有治外法權，不僅不受中國官吏的管束，並漠視中國地方紳士的勢力存在，且與之分庭抗禮。而一般中國教士與教民復依仗外國教士，且自異於平民，凡教民犯案，教士不問是非，曲庇教士。遇有民教鬥爭，教民恆勝，教民的勢焰愈橫，平民的憤鬱愈甚，這是中國官紳反教的原因。以上三種是教案發生的遠因，都有一觸即發的形勢。

貳、天津教案發生的近因

㈠天津教案發生前，津民對教堂疑慮重重，經直隸總督曾國藩剖析詳實：「蓋見外國之教堂，終年扃閉，過於秘密莫能窺測底裏。天津教堂仁慈堂皆有地窖，係從他處募工修造，津民未盡目覩，但憫地窖深邃，教堂所收容幼孩經幽閉其中，又不經本地匠人之手，其致疑一也。中國人民有至仁慈堂治病者，往往被留不令復出，即如前任江西進賢縣知縣魏席珍帶女賀魏氏入堂治病，久而不還。其父至堂婉勸回家，堅不肯歸，因謂其有藥迷喪本心，其致疑二也。仁慈堂收留無依子女雖乞丐窮民及疾病將死者亦皆收入彼教。又有施洗之說，施洗者其人已死而教主以水沃其額而封其目，謂可升天堂也。百姓見其收及將死之人，聞其親洗新尸之眼已堪詫異。又由他處車船致送來津者動輒數十百人，但見其入而不見其出，不明何故其致疑三。堂中院落既多或念經或讀書或傭工或醫病分類處之。有子在前院而母在後院；有母在仁慈堂而子在河樓教堂往往經年不一相見，其致疑四。加以本年四、五月間有拐匪用藥迷人之事，適於是堂中死人過多，其掩埋又多一死或有兩尸共一棺者。五月初六日河東叢塚有狗所發者一棺二尸，天津鎮中營游擊左寶貴等曾經目覩，死人皆由內腐而此獨由外先腐，胸腹後爛，腸肚外露，由是謠言大起其致疑五也。」這些是天津民衆對於仁慈堂的種種疑慮的原因。

㈡揚州天門及直隸省之大名慶平皆有檄文揭帖或稱教堂拐騙丁口或稱教堂挖眼剖心或稱教堂誘汚

婦女，以後各地方的教案雖經議結，但總未將檄文揭帖之虛實剖辨明白，致令一般士大夫相信教堂是罪惡之源，但並無確據。

㈢同治九年五月初八日天津縣永豐屯經地方緝捕張永安拿獲拐犯張拴、郭拐二名，經天津知府張光藻及知縣劉傑訊明，供認夥同在逃的馬成用藥迷拐靜海縣幼孩李大羊等一案，後覆訊確鑿，照通飭章程將該二人於五月十四日就地正法。經此案後民間迷拐之事愈傳愈多。使天津街巷，整日不得安寧，甚至誤拏教堂的教讀沈希寶，毆打送官，雖經知縣劉傑訊明；實係帶領學生回家並非拐帶遂即釋放，但民疑未解。

㈣五月二十日經天津縣屬桃花口村鄉張世友拿獲迷拐匪犯武蘭珍同被拐李所一並送縣衙，據武蘭珍供稱用藥迷拐屬實並稱被教民王三迷入教堂許給洋銀，給他迷藥命他迷拐，白天出來迷人晚上宿於教堂柵欄席棚內。經此迷拐一案爆發，於是民情益形洶洶閭閻蠢動。

叁、天津教案的導火線

天津縣知縣劉傑將武蘭珍訊出有牽涉河東地方天主堂之王三等情，稟知天津府知府張光藻及三口通商大臣崇厚。崇厚以天津民心浮動恐滋事端，便飭令天津道周家勳於同治九年五月二十一日往晤法國領事豐大業（Henri-Victor Fontanier）查詢王三其人，當時該領事力允代查；可是到了申刻（下午三至五時）劉知縣奉崇厚命續往法國領事署面見豐領事卻答以我愛查不查有話向崇大人說。五月二十二日崇厚又親自與豐領事會面並與謝福音商妥於五月二十三日巳刻（上午九時至十時）天津道府縣押帶人犯武蘭珍前往天主堂查看對質。到時天津道周家勳知府張光藻知縣劉傑，帶同匪犯武蘭珍前往天主堂，面見教士謝福音，態度和順。即由謝教士領查並命武蘭珍指認所經歷的地方房屋。他原來所供的蓆棚柵欄在教堂內並未看見，偏傳堂中的人他都不認識，無法指實誰是王三只好作罷。當時堂外有百姓看熱鬧並無吵嚷情事，天津知縣等人經由外國主人送出，武蘭珍便被帶回署。劉傑便將堂內並無王三此人向大衆說了一遍，唯恐有人沒聽清楚準備回署後張貼告示，吩咐看熱鬧的百姓走散。張知府與劉知縣見到衆人陸續分散，同往三口通商衙署向通商大臣崇厚稟告一切查堂的情形，然後各自回衙署。不久教士謝福音來到通商衙署中崇厚面商日後教堂中如有病故人口應報明地方官驗訖會同掩埋，在堂中讀書及收養之人也應該將名册報知地方官以憑查驗。該教士都答允照辦後離去。崇厚正準備撰寫告示以安民心。本來這件事到此即可告一段落，想不到於下午未刻（十三時至十五時）時分教堂之人與堂外圍觀之民衆發生衝突，形成無法善後的結果，根據天津縣河北地方（捕快）孟玉升親供，有詳細敍述：「……五月二十三日早上，道府縣帶領武蘭珍赴查外國教堂。小的在彼伺候，雖有看熱鬧的人並無嚷罵情事。大人們由教堂出來有外國人送出，府縣大老爺吩咐百姓走散，小的也在那裡趕逐，聞衆位大人上院去了。不多時道府縣各自先後回衙。以後教堂門口有行路人向堂內張望，被外國服役人看見將行路人拉進一個去。河東百姓看見對河樓喊叫，隔河用磚頭向河樓擲砍，豐領事出來手拏洋槍，還有一個外國人拏寶劍赴宮保衙門找崇大人。忽聽裏邊槍響隨由裏邊傳出信來說傷了大人，小的並未眼見，一時間就四面鳴起鑼來了。本縣當即來奔走商憲衙門，百姓們就多了。本縣仍彈壓，走到東轅門外，遇見豐領事出來，看見本縣放了一鎗，本縣閃過致將家人高升打傷的。這時教堂火起，豐領事走去也被人殺了。本縣本府並無吩咐百姓打洋人的話。府縣赴仁慈堂去，走至半路仁慈堂也就起火了。是實。」再據天津知府張光藻奉訊登覆各條內也有詳細記載：「一奉訊該領事一見崇宮保是否即放洋槍；抑或另有情節。查該領事赴院滋鬧，革員並未在場目擊，惟據院署差弁均言：是日該領事以教堂門外滋鬧，遷怒於巡捕之不能彈壓，先用鞭毆打隨即自携洋槍揪扭後至之差弁一同赴院，當時係屬盛怒而前，是以一見商憲即行放槍。」而崇厚本人對於豐領事放槍一事，於他的上奏有所說明，「……未刻，忽聞有教堂之人與觀看之衆閒人口角相爭，拋磚毆打。當派武弁前往彈壓，適豐大業來署當即接見，看其神氣兇悍，腰間帶有洋槍二桿，後跟一外國人手執利刃飛奔前來，未及進室一見即口出不遜。告以有話細談。該領事置若罔聞，隨取洋槍當面施放，幸未打中，經人拉住。奴才未便與之相持暫時退避。該領事進屋將什物信手打破咆哮不止。奴才復又出見，當好言告以民情洶湧，街市聚集水火會已有數千人，勸令不可出去，恐有不虞。該領事奮不顧身云『我不畏中國。』遂生氣而去。奴才恐致滋事當派弁隨同護送。詎意該領事路遇天津縣劉傑自該堂彈壓而回，該領事又向其放搶未中，誤將劉傑之家人打傷。衆百姓瞥見忿怒已極，遂將豐大業群毆斃命。於是傳鑼聚集各處民人將該教堂焚燒，並將東門外之仁慈堂焚燒，別處講書堂亦有拆毀之處，傳教習教中外之人均有傷斃……。」總之，法國領事豐大業對於外界傳說教堂迷拐人口，挖眼剖心……等傳言憤怒不堪，後來由於在教堂外觀望的民衆未能逐散，教堂服役的洋人輕視本國人，與觀衆起釁。而天津知府張光藻所派的巡捕未能有效壓制憤怒洶湧的民情，尤其法領事豐大業在商署對崇厚開放洋槍，在路上又再次向劉傑開槍，打傷其家人高升鼻樑，衆怒尤不可遏，是以萬口譁噪，猝成巨變矣！

天津民衆殺斃法領事豐大業等之後，天主堂，仁慈堂紛紛起火，民情益形激憤，簡直燒殺紅了眼睛。天津縣劉傑隨同道府與同城文武分投各國洋行住房處所彈壓保護，衆始逐漸解散，並將天主堂仁慈堂的火撲滅。總計天津教案焚毀房屋據天津知縣禀報法國教堂一處，公館一處，仁慈堂一處，洋行一處。又誤毀英國講書堂四處，美國講書堂二處。而外國傷斃人口共十六名：計有法國領事官豐大業、翻譯官席孟，達麥生夫妻，傳教士謝福音、吳神符，法國商人單美松夫妻，以上八名均在河內撈出。仁慈堂女屍五具內有法國人一名，英國人一名，比國人二名，美國人一名均係被燒死的。另有俄國商人波勒德波波幅，婦人麥理牙，商人巳索幅均在河東地方被殺由河內撈出。除此十六人外，尙有女屍五具沒有找獲和已獲的五具共計十人。日後清朝給法國的撫卹銀兩計貳拾伍萬兩，美國、比國、英國的撫卹金均由法國轉交。而誤斃俄國三命，經一番轉折達成協議給撫卹銀兩叁萬兩。總計天津教案的賠償銀兩及撫卹銀兩達肆拾玖萬兩之巨。天津教案，中國百姓雖出了一口怨氣，但留給清朝政府卻是一件難於交涉的外交事件。

肆、結　論

天津教案的原因，經由上述的分析、歷遠因、近因及導火線的探討，很明白知道中外文化殊異，時代背景各異，津民對教堂疑慮重重不獲政府適當的開導，法國領事的衝動蠻橫……等都是天津教案的原因，而三口通商大臣不能有統制文武之權：卻有綏靖地方之責，經常有指臂無助呼應不靈的現象，天津道封縣雖亦責成聽命於三口通商大臣，但在體制上仍歸直隸總督的節制，因此常有彼此推諉情形，使地方官存有觀望消極態度，遇事便不能積極果斷負責。如果天津地方官同心協力相助爲理，自不難弭患未萌，何致釀成天津教案。因此天津教案的爆發這也是原因之一。總之經由天津教案原因探討中，發現教訓，能做爲後代的殷鑑，處理中外民衆紛爭必須要迅速，直接，絕不可拖泥帶水；否則事件由小而大，終至無法收拾的地步。

馬新貽遇刺案新探

清季咸同年間，西力壓迫，門戶洞開，內憂外患層出不窮，使得國內各地普遍民不聊生。同治九年四月，發生天津教案，由於法人有意啓釁，法使羅淑亞故意刁難，直隸總督曾國藩以有病之軀奉令查辦，經數月努力調解，仍然未有頭緒。正當中外交涉紛繁之際，江寧督城於同年七月廿六日突然發生一件轟動國內外的大事——「兩江總督馬新貽被刺身亡」。總督遇刺身亡，這在清朝來說是前所未有的，眞如同英翰所奏言的「變生肘腋，則自唐臣武元衡以後所僅見」（註一），由於案情重大，雖然兇犯很快地被捕獲，但兇犯「堅不吐實」，所以自同治九年七月廿六日案發到十年二月六日（丙寅）奉旨「著照所擬按例懲辦」止（註二），前後拖了將近八個月。這個案子被稱爲清代四大奇案之一，當時社會上就有種種的傳說——有的人將馬新貽繪聲繪影地說成漁色負友，而將張汶詳說成爲復仇的英雄；有的人將馬新貽說成勾通回匪的罪魁，人人得而誅之，張汶詳殺馬新貽實爲了報效國家。直到現在對於「刺馬案」仍然是衆說紛紜，莫衷一是。筆者根據國立故宮博物院所藏有關張汶詳的供招册與檔案等資料，對此一事件的緣由加以硏究，以就教於對此案有興趣的讀者。

一、馬新貽的生平

馬新貽是山東荷澤人，生於道光元年（西元一八二〇年），道光二十六年考上舉人，第二年中進士，便以知縣分發安徽，前後代理過太和，宿松，亳州等縣的知縣，後來因在合肥知縣任上有軍功表現賞戴花翎代理廬州，後補安慶知府。同治二年三月升任安徽省按察使，九月調布政使。同治三年九月升任浙江巡撫，六年十二月擢升閩浙總督，七年七月調任兩江總督。這時候馬新貽的前途眞是大有可爲，想不到九年七月二十六日校閱武事完畢，徒步返回督衙，張汶詳突出，刺傷馬新貽脇肋，第二天便與世長辭，享年五十歲。

馬新貽稱得上是清朝的好官，當他擔任浙江巡撫時，浙東浙西剛剛脫離兵火，百姓相當窮困，他便奏請消棄欠賦二十七萬兩，又奏減杭嘉湖金衢嚴處七府宂歛及漕轉無名之費，並且修築海寧石塘，紹興東塘，決三江口之淤泥，使大水入海。而於海盜賊穴，馬新貽常以偏師擒其魁首。並且禮遇讀書人，杭州四書院，學者麕集，馬新貽視若己子弟優先予以資用。處處有恩於百姓，足見他是一位循吏。馬新貽被刺後，清穆宗降諭云：「馬新貽持躬清愼，辦事公勤，由進士即用知縣，歷任繁劇。咸豐年間隨營剿賊，疊克堅城。自簡任兩江總督，於地方一切事宜，辦理均臻妥協。方冀長承恩眷倚畀優隆，茲因被刺遇害，披覽遺章實爲悼惜……」（註三）由上面一段諭旨證明朝廷對馬新貽信任之殷，悼念之切，也可以看出他的確是一位爲國盡忠，前途大有可爲的人。

二、張汶詳的簡介

根據故宮博物院所藏軍機處錄副奏摺中所收張汶詳供招册（註四）可知，張汶詳乃河南省汝陽縣人，案發時年四十六，父母都已去世，並無兄弟，祖上七代單傳，沒有同房親族。道光二十九年，張汶詳變賣了家產，改買了毡帽到浙江寧波來販賣。在路上認識了羅法善，他原來在陝西做木材生意，因爲犯軍罪被發到寧波來的，彼此都是河南人來往親近。羅法善在寧波開小本當鋪，張汶詳也就在寧波放印子錢過生活。張羅來往漸密，羅法善遂將長女羅氏許配張汶詳爲妻，生有一子二女。長女張寶滲。（案發時年十七），次女張秀滲（案發時十四），均已許配婚嫁，子名張長幅（案發時十二）。咸豐十一年二月羅法善去世，十一月間太平軍打到奉化，張汶詳以爲人心驚惶、易生變故，遂將銀錢衣服裝成兩隻箱子交予妻子收藏，叫她帶了兒女隨同其妻兄嫂（羅漢彰之妻），都到港東鄉間去避難。太平軍到了寧波，由於張汶詳的朋友陳莅瀧、陳和尚熱誠相約，加入太平軍。後來張汶詳在侍王李世賢名下做了一名後營護軍。同治三年九月攻破漳州擄得時金彪，因是張汶詳同鄉，代他求情，免了一死。後來張汶詳自度留在太平軍裏並沒有什麼前途，因此約了時金彪乘機逃離太平軍。投到黃少春軍營，薙了髮要獻計以破太平軍出力報効，但是營裏找不到保人未被收用。兩人便前往厦門。四年正月到福州，時金彪將張汶詳推荐到汀漳龍道衙門當個巡查勇，兩個月下來因所領口糧不夠花費就辭退了。搭海船於六月回到寧波。

三、張汶詳刺殺馬新貽的原因

首先對於張汶詳刺殺馬新貽的遠近因來探討一下：

根據張汶詳的供招册上記載，張汶詳回到寧波之後，知道他的妻子羅氏已經被吳炳爕強佔，張汶詳原來付託他妻子的銀錢都被吳炳爕所呑騙，因此憤恨難平，便到鄞縣控訴，經提訊審判結果只斷回了妻子羅氏，並未追回銀錢。同治五年正月浙江巡撫馬新貽到寧波閱邊，張汶詳自計因被吳炳爕占妻呑銀，縣衙不爲追究，想借巡撫威力自能將吳炳爕告倒。寫好狀紙攔輿喊控，誰知道馬新貽將狀紙還給張汶詳，並不受理。吳炳爕從此更加得意，時常在人前談笑羞辱張汶詳，又乘張汶詳外出時，從店內將他妻子勾引去。四月張汶詳氣急到寧波府再控，府批縣覆訊，結果又把妻子斷回，銀錢仍未追出。張汶詳無計可施，氣憤不已，就逼他妻子羅氏呑烟身亡。到此時，張汶詳怨恨馬新貽，他之所以弄到家破人亡，無臉見人，歸究原因是馬巡撫不受理他的控訴，這是張汶詳刺殺馬新貽原因之一。

原先張汶詳自福州回寧波，無錢度日，經朋友王老四（即王明山）、陶老陽、吳建工、武德沅、龍溶澐、李沅和、楊中和，共同幫給洋錢，重新讓張汶詳開小本當鋪。王老四等係出洋行刼的海盜，每次搶得衣物，都送到張汶詳店內變賣。並且也常資助張汶詳，故而張汶詳遂與他們親密起來。同治四年八月張汶詳也曾與龍溶澐們結夥駕船往定海行刼，後因風大未遇貨船，自不得意。龍溶澐等就入南田海盜大夥，張汶詳仍回寧波。次年九月張汶詳與龍溶澐、王老四們在酒樓會面，張汶詳訴說喊控不成，逼死妻子的事。王老四們同抱不平，並說李沅和、楊中和、陶湘幗（陶老陽）等俱是因爲馬新貽巡撫，派兵剿捕被殺的，又激勵張汶詳說他素講義氣，從前大家都是時常照應的，要張汶詳刺殺馬新貽，一方面可以爲衆人報仇，另一方面即可洩自己忿恨。張汶詳被他們激說，一時氣忿就允諾，遇有機會一定下手，這是張汶詳刺殺馬新貽原因之二。

張汶詳因爲在寧波呆不下，同治六年七月便將兒女託給舅嫂羅王氏，自己來到新市鎮找陳養和（從前寧波小押店內夥計），經他幫忙，租定房屋，開張小押。正遇到浙江巡撫馬新貽出示禁止小押，要人多開當舖省得重利盤剝。爲了這個榜示張汶詳店裏常有土棍來訛詐要錢，張汶詳爲了息事寧人只得經常花錢。結果張汶詳把本利虧盡，押店從此關門大吉，張汶詳在這進退兩難的時候，「這偏遇著了對頭，絕了生機心中恨極，只有遲早總是一刦，不如就照龍溍澐的話辦罷！」（註五）這是張汶詳刺殺馬新貽原因之三。

綜合以上幾項舊仇新恨使得張汶詳對馬新貽恨之入骨，爲此張汶詳便處心積慮籌劃刺殺馬新貽的事，根據張汶詳的親供，分段敍述於後：

㈠張汶詳自新市鎮赴杭州謀刺馬新貽巧遇時金彪

張汶詳決定前往杭州（浙江巡撫衙署所在），行刺馬新貽，對鄰舍說是去杭州天竺燒香。同治七年二月張汶詳來到杭州住在仙林寺廟內，路上遇到同鄉趙四海，得知時金彪在馬新貽處。張汶詳自喜機會來了，立即到署中尋見時金彪，彼此閒談，張汶詳將自福州回寧波後到新市開店折本的事一一細說，而現在閑著苦況難堪，並託時金彪代謀差使。時金彪回說馬大人已升閩浙總督，當差人多恐不能求謀。張汶詳又向時金彪借用洋錢百元作生意，沒有結果。次日下午時金彪約張汶詳在飯舖吃飯，以便替張汶詳餞行。張汶詳自認未能有下手的機會，只好回新市另作打算。

㈡張汶詳首度赴江寧謀刺馬新貽

同治七年七月馬新貽奉旨調任兩江總督。張汶詳又想往督署乘便行刺馬新貽，便給兒女留下錢兩吊，米五斗。便在八年八月起身，二十六日到達江寧（南京），打探到時金彪已跟前任江寧藩司進京去了。張汶詳爲了行事方便，就住在督轅附近的級陞客寓，看到署牆貼有每月二十五日考課武弁榜文，等到九月二十五日便偷去窺探，好乘便下手。張汶詳細看來往標下人多，不敢動手，而且顧慮到冬季穿棉衣恐怕小刀不能深入反倒誤事，不如來年夏天衣衫單薄，再求下手不遲，只好又回到新市。

㈢張汶詳再度赴江寧行刺馬新貽

同治九年六月初九日張汶詳一大早便搭船離開了新市，第二天到了蘇州，十一日換船直開往江寧，在船上認識了柯春發。十八日到江寧，因夜晚未上岸。十九日到江寧省城，正值鄉試，稽查嚴密，張汶詳唯恐沒有熟人作保不能住店，便由柯春發指引伴送到朱定齋客棧，柯春發不願作保，要他自行找保，朱定齋問道張汶詳的來歷時，張汶詳用探望督轅差官時金彪爲辭，並說時金彪可以作保。因此住了下來。二十五日張汶詳曾到箭道看看情形。後來朱定齋因張汶詳無保人，遂將他辭出。七月二日張汶詳便搬到張全店內投住，每日在周廣彩飯店吃飯，彼此閑談，張汶詳遂捏稱張泳淋，請求在他店暫住，說明住店錢每日十文。初九日便離開張全店鋪遷到周廣彩店內，託人在循環簿（旅客登記簿）內寫明張泳淋係周廣彩表親字樣以防稽查，也沒告訴周廣彩本人。七月廿五日張汶詳便去督署窺伺考課，因下雨延遲一日，回來走到池塘邊，拾起瓦片磨擦小刀，又恐拔刀時筷子礙手便將筷子拔下。（註六）

七月二十六日張汶詳又混進署右箭道窺看，當時考課情形據兩江督標中軍副將喻吉三供稱：「伏查馬前督憲及委員閱視武課向分四棚，七月二十六日頭棚係馬前督憲自閱，二棚係洋務局張道、三棚係總巡營務處楊道、四棚係總理保甲嵤制道分閱，是日馬前督憲在箭道考畢由演武廳後步行出來，走署後便門回署……」（註七）張汶詳在山東武生王咸鎭跪道求幫之後行刺馬新貽，馬新貽傷重，不治身亡。這一段情形以親手捉住張汶詳的差弁方秉仁的供詞最爲可貴，他說：「……七月廿六日大人在署旁演武廳校閱武弁月課，事畢步行回署。巡捕們在前領道，差弁（指方秉仁）同家丁張榮在後頭跟隨，行至後院門外，有一人跪道求幫。巡捕葉化龍用手將那人推去，巡捕唐得金上前查問。大人又行兩步，突有一人喊冤直撲大人面前，聽得大人呵呀一聲，差弁趕上前去將那人辮子抓住，見他袖內露出小刀纔知大人被刺。差弁將那人手內小刀奪過。隨後中軍趕至，將兇犯拿去捆住。差弁們將大人扶入角門，見大人不能站立遂取下門板同各弁們將大人抬進上房。」（註八）魁玉奏稱：「……兇犯以利刃刺入脇肋之下深至數寸傷痕極重……延醫敷治督臣傷痕，多方挽救無方，受傷過重百藥罔效，延至二十七日未刻竟爾出缺。……」（註九）至於署旁重地何以防患不周，給張汶詳行兇的機會？魁玉等奏稱：「據喻吉三等供稱『箭道在署之西，前有大門後有角門與督署後園相通。每逢校射之日應課武職隨帶跟役並拉馬丁夫，以及觀看人等均聽其出入。歷任總督向不禁止。張汶詳不知如何混入突出行刺，猝不及防究屬疎於防範……。」（註一〇）又在招供册內喩吉三供稱：「又查省城克復後，中營存兵無多，除派赴各處當差外實在差兵僅止八名……。」（註一一）這八名差弁即方秉仁、冉雄彪、蔣金鰲、王長發、費善樂、劉雲青、潮枝桂、朱信忠等，另加兩名武巡捕唐得金，葉化龍。這樣的警衞力量確實也太單薄了。

四、案審經過

㈠江寧將軍暫署兩江總督魁玉的督飭嚴審

同治九年七月二十七日魁玉得藩司梅啓照及鹽道凌煥等馳報後，前往看視並令梅啓照等共同監督府縣提訊張汶詳。開始時張汶詳言語顚倒，堅不吐供，經再三的究詰，才供稱是河南人，而行刺的緣由「則一味閃爍，毫無確供。」（註一二）魁玉立即上奏「馬督臣猝被行刺因傷出缺請旨迅賜簡放以重職守」。（註一三）八月一日魁玉奏稱：「……除拏獲行刺之兇犯一味混供，經過晝夜研鞫，張汶詳直陳行刺不諱而行刺緣由仍尚屬支離狡詐，並續獲開設飯舖容留張汶詳的朱定齋、周廣彩二名及道旁告幫之山東王咸鎭，指引告幫處所之已革轎頭劉學，隔別研訊以期水落石出。……」（註一四）八月三日內閣奉上諭云：「曾國藩調補兩江總督，未到任著魁玉暫行兼署。」（註一五）八月十日上諭云：「……給事中王書瑞奏督臣被刺遇害請派大員查辦……著派張之萬馳赴江寧會同魁玉督飭司道各員將該犯設法熬審，務將其中情節確切研訊查明辦理」。（註一六）魁玉於八月廿三日奉上諭：「張汶詳行刺督臣一案，斷非一人逞兇，必應徹底研鞫，嚴究主使，盡法懲辦……。不得以等候張之萬爲詞，稍行鬆懈。此事案情重大，斷不准存化大爲小之心，希圖草率了事也。」（註一七）魁玉遵奉皇帝旨意，一面等候張之萬，一面仍嚴密監督司道們晝夜不分的會審案情，除朱定齋等四名嚴刑熬審對張汶詳的殺人動機毫無所獲外；又將張汶詳反覆研鞫，才供說他案發前個人的經歷。至於他刺殺馬新貽的動機仍無着落。魁玉遂於八月九日上奏：「覆陳研審張汶詳大概情形一摺」內容如下：「茲蒙聖諭垂詢莫名悚惕。查該犯張汶詳罪大惡極，自知必遭極刑所供各情一味支離。前次拿獲之朱定齋等四名，嚴刑熬審均供並未知情。又將張汶詳反覆研鞫，始據供稱於道光二十九年由原籍汝寧府至浙江寧波府貿易，即在該處娶妻住家。至咸豐十一年投入髮逆僞侍王李世賢名下，曾至安徽、江西、廣東、福建、浙江等省，領賊打仗，並在福建力攻漳州府城等情歷歷不諱。其爲髮逆頭目已無疑義，訊其行刺緣由則堅稱既已拼命做事甘受碎剮等語，哄誘多端轉得肆其妄供，用刑過久又恐倉猝致命。似此情形僉謂必有主使之人，惟既有主使之人則必將該犯家屬深匿不出，乃據該犯稱其妻已故，子女二人現在浙江湖州府新市鎭居住，奴才初疑該犯憑空妄指，而既有此供即密派妥員前往訪拿。一至新市，登時拿獲並無藏匿之人。」（註一八）張汶詳一案在魁玉手中至此算告一段落。

㈡漕運總督張之萬會同督臣魁玉審訊

同治九年九月初一日漕運總督張之萬接到吏部八月初十日咨文奉派馳赴江寧會同魁玉督飭司道各

員將張汶詳設法熬審。張之萬便將衙門公事迅速部署，所有巡防彈壓各事責成記名提督淮陽鎮總兵歐陽利見，記名提督張從龍、姚廣武等辦理，於九月初六日起程前往。在他恭報起程日期摺內云：「……查兩江總督馬新貽被刺遇害，兇犯當時拏獲，業經署督臣魁玉督飭司道各員熬審月餘，辦理必能詳愼，第該犯身罹重辟，自必任意狡供冀稽顯戮，而案情重大，更未便從事刑求。……」（註一九）足見他奉旨前往內心早有了主意。張之萬自清江浦起程，因沿途阻雨江口守風，一直到十三日抵江寧省城。並無「初不敢任，而託故回任所」或「奉到命令後，並未即刻馳赴南京，想藉故推託」（註二〇）之事。自到省城之後，張之萬立即會晤了署督臣魁玉並且接見了承審的司道，詳細的詢問馬新貽被刺的種種現場情形以及審訊罪犯供詞，以求全盤瞭解案情。然後連日會審張汶詳，並將張汶詳家屬以及容留張汶詳等人也加以多方質審，但都未能供出行刺緣由。九月十八日張之萬首覆朝廷「該犯張汶詳自知身罹重解，兇狡異常。連訊連日堅不吐實，刑訊則甘求速死，熬審則無一言。既其子女羅跪於前，受刑於側亦復閉目不視，且時復有矯強不遜之詞任意污衊之語尤堪令人髮指。臣又添派道府大員並遴選長於聽斷之牧令，晝夜熬審務期究出眞情以成信讞……」（註二一）。由於浙江湖州府新市鎮與張汶詳常來往的軍犯陳澱甲王星三尚未提到，而時金彪也得旬日以後才能提到江寧，行刺的緣由仍然需要晝夜熬審。另外對於疏於防範的中軍、巡捕、差弁等人員經魁玉張之萬會摺據實奏參，九月廿六日上諭：「副將喻吉三等於該督被刺時毫無防範，俱有應得之咎，署督標中軍副將喻吉三，武巡捕都司葉化龍，把總唐得金……均著先行解任提訊，定案後再行分別定擬具奏。」（註二二）

經過將近兩個月的嚴審，魁玉張之萬遂於九年閏十月上奏「審明謀殺制使匪犯情節較重請比照大逆問擬並將在案人犯分別定擬罪名」一摺對朝廷總算有了交待。十一月初二日卻頒下了重新更審的諭旨：「……馬新貽以總督重臣突遭此變，案情重大，張汶詳所供挾恨各節曁龍啓澐等指使情事，恐尚有不實不盡，若遽照魁玉等所擬即正典刑，不足以成信讞。前已有旨令曾國藩於抵任後，會同嚴訊務得實情。著再派鄭敦謹馳驛前往江寧，會同曾國藩將全案人證詳細研鞫，究出實在情形，從嚴懲辦，以申國法。」（註二三）

對於社會上一般傳說紛紜的澄清，魁玉等也有所交待，在九年十一月（上）的月摺檔魁玉等摺片云「再此案以匹夫刺殺秉圻大員，爲清朝二百年未有之事。當此案初出時，大江南北物議紛然，多係影響之詞，憑空揣測，即馬新貽之親屬亦不免有所疑猜。臣等覆鞫時，逐層研訊誘詰再三，該犯供詞始終如一，似此案情實已毫無疑義，事屬罕見，國家優恤疆吏不厭詳益求詳。」（註二四）足見這個案子經過魁玉數月嚴訊及張之萬約二月會同覆訊，而能在朝廷屢降諭旨「務得確供」及大江南北社會物議，馬新貽的親戚朋友猜疑之下，能夠審明定擬，張汶詳能吐實情，充分證明魁玉張之萬是經過充分的研訊並搜求了旁證。

朝廷爲顧及內外人心，以爲秉圻大員遭此突變，想必有主使之人。故明知張之萬魁玉絕不會「稍涉含糊」，但仍派刑部尙書鄭敦謹親自出馬會審此案。

㈢鄭敦謹與曾國藩的最後會審（註二五）

刑部尚書鄭敦謹於九年十一月初奉旨赴江寧會審馬新貽被刺一案。於十七日特地入宮請訓後立即束裝率同隨帶司員星夜奔馳就道。因沿途雨雪阻滯，十二月二十九日才到江寧府。會晤了曾國藩之後，便將全案一干人犯一一傳齊。當時會同審訊的人員有刑部滿郎中伊勒通阿，漢郎中顏士璋、江安糧道王大經，江蘇題補道洪汝奎等，審訊經過，分段敍述於後：

(1)先將兇犯張汶詳所認識的陳養和、陳澱甲、王星三，並與張汶詳同居的妻嫂羅王氏、親家王張氏及前次結案後續獲的武定幗、姚安心等隔別研鞫。詳細推求有關張汶詳所供自新市鎮起至江寧省城的行爲供指明晰歷歷如繪，至於張汶詳如何行刺馬新貽則全供毫不知情。

(2)再提審容留張汶詳居住的周廣彩、朱定齋、張全並與該犯同船到江寧指送投店的柯春發等，承審的人員將案內人證，經旁引曲喩逐細搜求均別無異說，與張汶詳的供詞也完全相同。

(3)監提張汶詳嚴究行刺根由：首先張汶詳供稱馬新貽係回教中人，聽說他與甘肅回匪勾通，因此張汶詳便起意刺殺，報効國家。經過明白曉諭馬新貽稟性忠直且深受國恩，詰問他有何憑據爲何誣指馬新貽通回。張汶詳說馬總督差弁時金彪告訴他這些事的。等到提時金彪與張汶詳當堂對質，起初張汶詳猛狡賴，經問案司道嚴詞呵斥反覆駁詰，張汶詳理屈詞窮，無法置辯，當時立即加以刑訊他才供說因爲馬總督家係回教，預料行刺必得重罪才揑詞誣陷，又扳時金彪作證，企圖減輕罪名，察究他所供情節尚恐有不實不盡的地方，隨即再加以盤問，再別無說詞。

(4)調到兇刀，叫當時搶獲兇刀之方秉仁看過，查驗得知確係兇犯佩帶小刀，刃鋒白亮，看刀的血膝，透入三寸五分，經試驗並無藥毒，取得馬新貽受傷衣服，按原衣刀痕比對，完全相符。

(5)結案：連日熬審，張汶祥狂悖言詞及刁狡伎倆未能得逞，慢慢地有輸服認罪的樣子，便供認他是聽受海盜指使並挾私怨行刺及時金彪等先後容留詳細情形仍與原供相同。鄭敦謹曾國藩等再三研訊張汶詳，張汶詳所供堅執如前。自同治九年十二月二十九日至同治十年一月二十九日經過二十餘日熬審。在鄭敦謹曾國藩所上的摺子稱：「……該犯屢次絕食，現已僅存一息，奄奄垂斃，倘旦夕殞命，轉得倖逃顯戮，自應迅速擬結」（註二六）。同治十年二月六日丙寅上諭：「茲據鄭敦謹、曾國藩奏，覆審兇犯行刺緣由並無另有主使之人，請將該犯仍照原擬罪名，比照謀反叛逆凌遲處死，並摘心致祭……。既據鄭敦謹等審訊確實，驗明兇器，亦無藥毒，並無主使之人，著即將張汶詳凌遲處死，並在馬新貽柩前摘心致祭，以彰國法而慰忠魂，其子張長幅著照所擬按律懲辦。……」（註二七）馬新貽被刺一案，屢經更審，至此始告一段落。

五、刺馬案的諸說

馬新貽被刺一案的起因，經過，審訊，結案……都明明白白的被記述下來，除了可以看出馬新貽的清廉正直外，更可以看出當時朝廷重視此事，以及主審司道們的認眞審訊。此案已經三次更審，歷時半年，但仍然不能滿足好奇者的繪聲繪影的傳說及沒有根據的假定，直到今日馬新貽被刺一案的推測仍然很多，時下一般學者對於馬新貽被刺一案有下列三種假定：

第一種說法，馬新貽之被刺乃是遭政治性的暗殺，在張汶詳行刺背後必有一股湘軍勢力或幫會的主使（註二八）。但見鄭敦謹等於同治十年一月廿九日上奏曰：「……此案有無另有主使之人，臣等將張汶詳熬番二十餘日之久，據該犯堅稱如果另有主使之人伊正可據實供出希圖輕減罪名，亦可免受刑責之苦只求詳情等語。隨將張汶詳之子女戚屬及該犯往來交好之武定幗等設法誘詰旁參互證，究於丁惠衡之案毫無牽涉亦不能另供指使之人，即臣曾國藩博采輿論亦復毫無影響，是上年原審此案與比次覆鞫情節並無不符。」（註二九）而此案在審訊過程中，太常寺少卿王家璧認爲丁惠衡不能約束家丁一案馬新貽不接受請托，與馬新貽被刺有關（註三〇）。但鄭敦謹等也明白地加以辯釋，上奏曰：「……此案在先之舉發及在後之從嚴褫革，均由丁日昌自行奏辦，無庸向馬新貽請託顯而易見。」鄭敦謹等審案時，頗受社會輿論影響，而能照原擬定案，必定有它合理審案的道理，絕不敢冒「欺君罔上」漫天過海。如果硬要說是有幫會勢力支持的話，那只是如龍潞澐一般的海盜羣而已，要是如趙雅書等一般學者主張是湘軍的力量支持刺殺馬新貽的話，對於張汶詳的子女及其身後事必定有所安排；相反地實際上張汶詳的子女很容易被抓到。至於推論丁日昌向馬新貽說情不准而結怨的說法，只不過是想誹謗曾國藩曾國荃湘軍而已！實不足爲據。

第二種說法馬新貽被刺，是爲了他勾通回匪，張汶詳刺殺馬新貽實爲報効國家。而張汶詳唯一能證明此說的旁證是與他同患難之友時金彪的一句話。但經與時金彪相對質後只啞口無言，而嚴究其原因只是想開脫或減刑其刺殺兼圻大員之罪。況且馬新貽對朝廷來說確實是朝廷的好官，朝廷對馬新貽的定論是「……自簡任兩江總督於地方一切事宜辦理均臻妥協，方冀長承恩眷倚畀優隆……」（註三一）足證馬新貽勾通回匪只是無稽之談。

第三種說法馬新貽與張汶詳本來相識，張汶詳見其漁色負友，為友復仇，因而刺殺馬新貽。蕭一山先生著清代通史內云：「張汶詳初為捻首，卻投誠無隙可乘，會陣擒前署合肥知縣馬新貽。」（註三二）但找尋清史列傳馬新貽傳內只有咸豐八年賊犯廬州時，官軍潰敗，遺失印信一事，並無被擒記錄。而且在咸豐五年三月時擊賊有功，以知州陞用，先換頂帶，後補用直隸州知州。同時到咸豐九年丁母憂安徽巡撫翁同書奏請暫留署任，報可。因此可見咸豐八年官軍失敗前後並沒有被擒的事。再回顧軍機處錄副張汶詳的供詞內說明他於道光二十九年變賣了家產，改買了毡帽，到浙江寧波，放印子生息，與羅法善過從漸密，並與羅法善之長女結婚，育有二女一男，長女張寶沴，次女張秀沴，兒子張長幅。在同治九年七月時他們的年齡分別是十七歲，十四歲，十二歲。推算長女是咸豐四年所生，次女七年生，因而知道張汶詳是咸豐二、三年結婚的應該毫無疑問。咸豐八年時他已有妻子和兩個女兒，在這樣的生活環境下他還會當什麼捻首，這是就張汶詳的本身經歷上看不出在咸豐初年有去當捻匪的跡象。其次漁色負友的事實清代通史記載：「至同治四年，新貽洊升至安徽布政使，山字營解散，張、曹、石（係指張汶詳、曹二虎、石錦標）皆隨馬之任，各得委差，甚相得也。無何曹眷屬至，馬見曹妻豔之，竟誘與通。時以短差委曹，使外出，留曹妻宿署中。汶詳知之，以告曹，因勸曹棄之，欲與同逝。曹遂以妻贈新貽以全交。馬撫慰之，待之有加，曹仍安居也。張屢促其去，不能決，忽一日，馬檄曹赴壽春請領軍火，而陰令壽春鎭總兵徐鶚藉軍法誅之，誣爲通捻。張跌足大慟，謂石曰：『此仇必報！』石沈吟不答。張厲聲又曰：『爾非朋友，我一人任之可也。』遂以精鋼製七首二，用毒藥淬之，欲伺隙以刺馬。」但考之清史列傳馬新貽傳中云「馬新貽於同治元年赴安徽隨大軍復廬州，賞加按察使銜，尋署布政使。二年三月擢按察使，九月遷布政使。三年九月陞浙江巡撫。」再加上同治三年十一月三日安徽巡撫喬松年所上摺片云：「再布政使馬新貽升授浙江巡撫奉旨即赴新任，新授布政使英翰現方帶兵未能履任應即派員接署，查有按察使何璟老成端謹，有守有爲，堪以署理。」（註三三）至於徐鶚是那年當壽春鎭總兵的，據徐鶚列傳云「同治二年苗逆勾髮捻各賊合圍蒙城，徐鶚率衆解圍。同治三年安徽巡撫喬松年奏聞賞加提督銜。四年署安徽壽春鎭總兵。五年補河南歸德鎭總兵仍兼署壽春鎭。十年卸壽春鎭署篆。」從前面三段記載得兩種很清晰的概念，同治四年馬新貽已離安徽布政使而升任浙江巡撫去了，徐鶚是同治四年後才任壽春鎭總兵，故兩人不可能在同治四年共同任職於安徽，很自然的證明馬新貽陰命徐鶚藉軍法誅曹的事卻是虛構。再其次就兇刀的記載，鄭敦謹等上奏云：「……兇刀式樣確是平常行路佩帶的小刀並有牙筷小刀鞘孔爲證，驗無毒……」（註三四）從兇器方面記載，足可證明清代通史中的記載是爲迎合一般世俗繪聲繪影的要求而附合傳說。從上面分析馬新貽漁色負友。張汶詳爲友復仇的說法也絕不是事實的。

六、結　論

經過以上各段探討，可知張汶詳刺殺馬新貽是出於盜匪朋友的唆使；又因出榜厲禁小押而斷絕了他的生路，終於發展到非刺殺馬新貽不可。絕不是如一般人所說的是一種政治暗殺，或是緋色糾紛。其所以令人啓疑的原因是爲了堂堂一員秉圻大臣竟會遭到刺殺身亡的命運。而兇犯前幾個月卻堅不吐供，朝廷又三番二次的易人更審。故最後雖由鄭敦謹曾國藩二人奏擬結案，但是好事者仍感餘興未了，將本案演變成「清代四大奇案」之一，直到今日還被搬上舞臺或拍成電影，可惜與史實相離太遠了。

【附註】

註一：「軍機檔」第二七六六箱，第四四包，第一〇二四八八號同治九年八月二日英翰奏摺。

註二：「大清穆宗毅皇帝實錄」卷三〇四，頁十七，新裝六一九七頁同治十年二月，丙寅上諭。

註三：「大清穆宗毅皇帝實錄」卷二八八，頁六，新裝五九五七，同治九年八月丁酉諭內閣。

註四：「軍機檔」第二七六六箱，第五八包，第一〇六〇一一號供招册，張汶詳親供部份。

註五：同註四。

註六：同註四，方秉仁供兇刀式樣是平常行路所佩帶的小刀，並有牙筷小刀鞘孔爲證，足見兇刀是平常佩帶小刀不假。

註七：「軍機檔」第二七六六箱，第五八包，第一〇六〇一一號供招册喻吉三親供部分。

註八：同註六。

註九：「軍機檔」第二七六六箱，第四四包，第一〇二三四三號同治九年七月廿七日魁玉摺。

註一〇：「軍機檔」第二七六六箱，第四七包，第一〇三二六六號同治九年九月十八日魁玉張之萬摺。

註一一：同註七。

註一二：同註九。

註一三：同註九。

註一四：「軍機檔」第二七六六箱，第四四包，同治九年八月一日魁玉摺。第一〇二四五六號。

註一五：「軍機檔」第二七六六箱，第四四包，第一〇二四九〇號同治九年八月七日曾國藩摺。

註一六：「大清穆宗毅皇帝實錄」，卷二八八，頁二九，新裝五九六九頁，同治九年八月甲辰諭內閣。

註一七：「大清穆宗毅皇帝實錄」，卷二八九，頁十，新裝五九八一頁，同治九年八月丁巳諭軍機大臣等。

註一八：「軍機檔」第二七六六箱，第四六包，第一〇三〇〇號，同治九年八月廿九日魁玉摺。

註一九：「軍機檔」第二七六六箱，第四七包，第一〇三一〇八號，同治九年九月六日張之萬摺。

註二〇：張之萬摺云：「竊於九月初一日接准吏部咨稱八月初十日奉上諭給事中王書瑞奏督臣被刺……。玆將衙門公事迅速部署於九月初六日起程前往……。」

註二一：同註一〇。

註二二：「大清穆宗毅皇帝實錄」，卷二九一，第十八頁，新裝六〇〇九頁同治九年九月己丑諭。

註二三：「大清穆宗毅皇帝實錄」卷二九六，第七頁，新裝六〇八六頁，同治九年十一月癸巳諭。

註二四：同治朝月摺檔十一月（上）魁玉等片。

註二五：本段係根據「軍機檔」第二七六六箱，第五八包，第一〇五九九五號同治十年一月廿九日鄭敦謹、曾國藩摺。

註二六：同註二五。

註二七：同註二。

註二八：王家儉輯「馬新貽事略選輯」一書中趙雅書先生著「馬新貽被刺來龍去脈」第三三頁第三行：「故這件案子可牽涉到某種幫會勢力，或是某種政治勢力。」

註二九：「軍機檔」第二七六六箱，第五八包，第一〇五九九七號，同治十年一月廿九日鄭敦謹曾國藩等摺片。

註三〇：同註二八，頁三三第五行……「因而造成湘軍這一系統對馬的不滿。」

註三一：同註三。

註三二：「清代通史」卷下，第二篇咸豐之憂患與同治中興，六七八頁(二)張汶詳刺馬案。

註三三：「軍機檔」第二七六六箱，第三六包，第一〇〇五二四號，同治九年十一月三日喬松年摺。

註三四：同註二五。

清德宗瀛臺幽禁及病亡質疑

光緒二十三年，膠州案起，康有爲極陳變法之急，二十四年清德宗下詔定國是決意變法，命梁啓超辦譯書局，改定科舉新章。命康有爲督辦上海官報。擢楊銳，劉光第，林旭，譚嗣同等參預新政。由於戊戌變法普受一般守舊大臣的反對因而抬出慈禧太后，後來更因爲袁世凱的告密遂於該年八月初六日下垂簾詔如下：「內閣奉諭旨，現在國事艱難，庶務待理，朕勤勞宵旰，綜萬機相競業之餘，時虞叢脞，恭溯同治年間以來慈禧端佑康頤昭豫莊誠恭欽獻崇熙皇太后兩次垂簾聽政，辦理宏濟時艱無不盡美盡善。因念宗社爲重，再三籲懇慈恩訓政，仰蒙俯如所請，此乃天下臣民之福。由今日始在便殿辦事，本月初八日朕率諸王大臣在勤政殿行禮，一切應行禮儀著各該衙門敬謹豫備。」（註一）初八日「卯刻上詣中和殿閱視祝版畢，駕還涵元殿。午刻上詣勤政殿跪接慈禧端佑康頤昭豫莊誠恭欽獻崇熙皇太后陞寶座詣勤政門外率領諸王大臣行三跪九叩禮畢。皇后率瑾妃榮壽固倫公主王妃命婦等行三跪九叩禮詣儀鸞殿慈禧端佑康頤昭豫莊誠恭欽獻崇熙皇太后前請安，遞如意畢駕還涵元殿……。」（註二）

上面兩段起居注册的記載是官樣文章。實際上這就是戊戌政變的開始；首先懲治德宗帝，「那拉氏所寵奄宦，除李蓮英之外尚有一馮某，尤黠而狠，相傳戊戌八月初六之晨，那拉氏（慈禧太后）自頤和園還宮，載湉（德宗帝）逆知有變，喘息急促，急如死灰。初求計於蓮英，蓮英謝曰：『是非奴才所能爲力，盍商之於馮！』載湉轉向馮乞援，馮獰笑曰：『恐不可活。』載湉欲後宮自裁未果，爲內侍所擁往見那拉氏，戰慄俯伏，口禁不能聲。那拉氏戟指頓足，申斥而詈，示以幼所著衣，斥其無良，載湉惟有涕泣。那拉氏頓怒之下欲賜以鴆酒，大學士王文韶等長跪乞恩，近支王公從而和之，始命幽禁瀛臺。」（註三）慈禧太后又命總管太監李蓮英派心腹宦官二十人，輪流監視，禁止自由行動，俾與外界融絕，實與囹圄無異，詳細情形容後再敍。其次捕殺所謂「六君子」，計有楊銳，林旭，劉光第，譚嗣同，楊深秀，康廣仁，同時被殺的另有六監隨之（註四）。因牽涉到維新而被罷免甚至充軍下獄關禁的，有陳寶箴、陳三立、黃遵憲、熊希齡、江標、張蔭桓、李端棻、徐致靖、王照等，二十七人。康有爲、梁啓超則聞訊先逃，亡命海外。經過如下：康有爲於八月六日十時行至煙臺，搭重慶輪南行至吳淞口外，由上海英國領事卜瑞南派工部局翻譯濮爾德，將有爲安頓在英國赴香港的商船 Ballaret ，八月九日由英巡洋艦護送至港，等英領事來見始知救援出自英政府訓令。梁啓超由日本志士平山周等挈之，扮作打獵之日本人至塘沽換小艇開往大沽之日本軍艦大島號赴日，華僑資助辦清議報開維新之風氣。

一、德宗幽禁瀛臺及西狩還京後精神倍受虐待

德宗被遷往瀛臺的情形：「遷上於南海瀛臺，三面皆水，隆冬冰堅，傳聞上常攜小奄出，爲門者

所阻，於是有傳匠鑿冰之舉。」（註五）陳存仁先生著「光緒皇帝的收場」說：「筆者舊時旅行北平，到過瀛臺，參觀過光緒被幽禁的地方，見到地方並不很大，在那座永和宮內層，竟然四周加了一層磚牆，把光緒的起居所在地完全包圍在磚牆之中，前後好像祇有兩扇門，住在這裏面不但精神上受虐待，健康上也一定會受到極大妨礙的。」（註六）瀛臺其地在西苑之太液池中，三面臨水寬及兩丈，有吊橋架於兩岸，朝放夕收。德宗帝在這般控制之下，又深感戊戌變法的失敗，精神上當然不會覺得舒適，疾病的醞釀也可能發生。戊戌政變之後，慈禧太后奪取了政權，部分人民對皇帝不免有所懷念，她爲了打消各方對皇帝的懷念，所以傳佈德宗患病極重的消息，使得擁護皇帝的人無所藉口，宮內雖是傳佈德宗皇帝有病的諭告，可是衆人依然大不相信。光緒廿四年八月十日有帝疾徵召名醫之詔，略曰：「朕躬自四月以來，屢有不適，調治日久，尚無大效。京外如有精通醫理之人，即著內外臣工切實保薦候旨。其現在外省者，即日馳送來京，勿稍延緩。」（註七）而且逐日僞造脈案及藥方，傳示各衙門，以明德宗帝疾篤之非虛。梁啓超謂那拉氏佈德宗病重之謠，其用意既非欲施酖毒，實有意廢立也。由於外國的壓力及榮祿等大臣的反對此議遂寢，德宗帝既不能廢，當然不能消慈禧心中之恨，乃立端郡王載漪次子溥儁爲大阿哥，稱德宗帝曰皇叔。只可惜大阿哥不成材，竟敢大罵德宗爲二毛子，後因被慈禧申斥，拳擊德宗帝，引起慈禧太后「聖怒」，命崔總管鞭撻其臀二十。義和團亂起，燒殺掠奪洋人教堂及華人教友，凡沾上一點洋名概行破壞，遂在缺乏西洋知識的保守派聳動下，慈禧太后遂向全世界宣戰，義和團的血氣匹夫，敵不過洋人的船堅砲利，因而兩宮只好西狩逃命。兩宮西狩期間，光緒的萎靡無儀表，暇中每與諸監坐玩耍，尤好於紙上畫成大頭長身各式鬼形無數，仍拉雜扯碎之。有時或畫成一龜形，於背上塡寫上項城姓名（指袁世凱）粘之壁間，以小竹弓向之射擊。而見臣下尤不能發語，每次宴見，必與太后同坐一匟，匟多靠南窗下，太后在左，皇上在右，即向中跪起，先相對數分鐘均不發一言。太后徐徐開口曰：『皇帝，你可問話！』乃始問：『外間安靜否？年歲豐熟否？』凡歷數百次，祇此兩語，即一日數見亦如此。二語以外，更不加一字，其聲細極輕，非久習殆不可聞。皇上問罷，太后乃滔滔不絕，大放厥詞……。」（註八）由於大阿哥的荒戲怠惰，而其父又是製造義和拳亂的禍首，故於辛丑年（光緒二十七年）十月二十日頒撤去大阿哥名號之詔。同年十一月二十八日兩宮返京。慈禧以聯軍已撤，大局粗定，復顢頇如故。「歸自西安，尤養晦不問事，寄位而已，左右侍奄俱易以長信心腹，上苦坐無聊，日盤辟一室中。」（註九）由於新政的失敗，經溥儁的建儲廢立，還都，德宗處處都受到慈禧太后的專制，自己形同傀儡。從很多描寫德宗對人對事的種種記述可以知道德宗實在是一個性格懦弱，神經極衰弱的人，慈禧太后則是一個意志堅強陰險專橫的婦人。母子兩人常年作「神經戰」。德宗的精力以及意志的抵抗力，遠不及母后。因此他在政治上失敗，甚至最後連性命也保持不下來，這也是他神經不夠健全的原故。雖然他性格懦弱，但並非全無才能，如「己亥十月毓鼎自江南回京銷假日，召見於儀鸞殿，太后偶語及豫省疏報雹災事而忘其縣名。顧上曰：『皇帝記爲何處？』上即應曰：『鞏縣也。』時馬家埠抵永定門新設電車，太后問及車，復顧上曰：『此何國所爲？』上應曰：『德使海靖也。』因嘆循例報災之摺數年前所與之工上猶留心不忘如此。」

（註一〇）從這一兩件小事，可見德宗帝的記憶力不錯。他之所以表現愚魯無知，當是處身慈禧淫威之下，爲了保全性命不得不然。

二、起居注冊中有關德宗帝駕還涵元殿紀錄

國立故宮博物院現藏有德宗起居注册，根據該起居注記載，德宗光緒帝二十四年正月至九月間駕還瀛臺涵元殿有以下諸日：正月十六日，正月十八日、正月十九日，正月二十日、正月二十五日、二月五日、二月十二日，二月十三日，二月十四日、二月十五日、閏三月十二日、閏三月十三日，六月八日、六月二十一日、七月十四日、七月十五日、八月四日、八月五日、八月六日，八月七日、八月八日、八月九日、八月十日、八月十三日、八月二十三日、九月一日、九月九日、九月十五日、九月二十二日。從上面光緒二十四年正月至九月德宗帝駕還涵元殿之時間次數，足見他在八月初四至八月初六日戊戌政變前就已經駕還過涵元殿，與外間傳聞德宗是初六日才被幽禁在瀛臺涵元殿的說法不同，頗值得注意。（瀛臺有殿曰昭和、涵元、香扆三殿。）

三、德宗帝末年中西醫診治紀錄

㈠西醫的診治：

陳存仁博士所著「光緒皇帝的收場」一書中記載道（註一一）：

查到一位西醫名叫屈桂庭的，曾經親自爲光緒皇帝診病處方。在民國二十五年時，這位屈醫生七十四歲，有一位「逸經」雜誌的記者去訪問那位屈醫生，屈氏就口述當年爲光緒診病經過，寫成一篇「診治光緒皇帝秘記」原文說：『前清光緒末年，皇帝久患重病，外國公使等懷疑其中慈禧太后之毒者，蓋外使自拳亂後多惡后而袒帝也。法使徵得內廷同意，嘗派法醫狄得氏入宮診視，知帝確患重病，羣疑始釋。時在九月初旬，一日早晨，太后與光緒臨朝召見軍機大臣，帝困苦不支，伏案休息，太后乃謂：「皇帝久患重病，各大臣何不保薦名醫診視？」慶王奕劻首先奏對：「臣自六十九歲大病之後，袁世凱薦西醫屈某來看好。」袁某續奏曰：「屈某係北洋院出身，歷任醫官院長，現兼醫院總辦，臣全家均請其治病的。」繼而張之洞與世續奏言家人患病亦請屈某治之，均稱順手。當時軍機大臣六人只有鹿傳霖與醇王（即後之攝政王）二人未發言。太后乃言「中西醫藥是一樣的，但要治好病人得了。既是大家保薦此人，可請來看看。」慶王復奏可以辦到，請定日期。太后乃定於十三，十四。爲光緒診病的屈桂庭又說：太后下朝後，余得袁之侍從醫官王仲芹（余之學生）由電話密告此消息。時余在天津兼長北洋衞生局長，以診治皇帝病責任重大。在專制政體之下，正同俗語所謂：『有抄家而無封誥』，本甚躊躇。距不移時，直督楊士驤先後接袁世凱、慶王的電話，著余立即赴京，余於是成行。時爲九月初十日（光緒三十四年）也。到京後，先謁見慶王，慶王對余謂『此乃軍機大臣共同保薦，不能不去，但去盡心看之，有無危險，可直言先告訴我，密奏太后』。時太后與皇帝均在西山頤和園。十四日清晨慶王帶引余覲見太后及帝於正大光明殿。光緒正面坐，太后坐其側。聞中醫陳蓮航、施愚等亦曾到診，太后問余如何診法？余答：「按西醫規矩要寬衣露體，且聽且看。」太后許可。余即對光緒施用「望聞問切」的診視工作，余細察其病癥有：「常患遺泄，頭痛，發熱，脊骨痛，無胃口，腰部顯是有病，此外肺部不佳，似有癆症，但未及細驗，不能斷定，面色蒼白無血色，脈甚弱，心房亦弱。其人體質本非強壯，屬神經過敏之質，加以早年色事過度，腰病之生，由來已久，彼不禁刺激神經稍受震動，或聞鑼鼓聲響，或受衣袂磨擦或偶有性的刺激，即行遺洩，且不受補，愈食補藥，遺洩愈頻，余復問取其尿水携返化驗，又開方單以進，並奏明方單是西藥，可到外國醫院或藥房配藥，有內服或外敷，而個人不便進藥，蓋明代「紅丸」（註一二）故事，早知戒懼也。自後，每日早晨，余即到診一次，宮女等一見余至，輒呼「外國大夫來了。」光緒帝平素對中藥至爲審愼，必先捧藥詳細檢視，余診視多日，見其呼吸漸入常態，用藥亦頗有效。關於食物之選擇，余屢行進言，彼亦照行。故病狀頗有進步。光緒皇帝性情甚好，寫字尤佳，此殆得力於相傅翁同龢之功也。有一次，太后對內務大臣面諭關於食物事，帝聞而氣憤之極，即怒，擲枕於地以作表示。其後帝與太后復回北京，仍居三海。余繼續每晨入宮在勤政殿照常診視。光緒帝每晨清早即須到儀鸞殿省視太后，然後隨同到勤政殿視政，生活殊不舒適，加以病魔纏身更爲苦事。余診視一月有餘，藥力有效，見其腰痛減少，遺精亦少，惟驗其尿水則有蛋白質少許，足爲腰病之症。迨至十月十八日，余復進三海，在瀛臺看光緒帝病，是日帝忽患肚痛，在床上亂滾，向我大叫：『肚子痛的了不得』時，中醫師俱去，左右只餘內侍一、二人，蓋太后亦患重病，宮庭無主，亂如散沙；帝所居地更爲孤寂，無人管事。余見帝此時病狀，夜不能睡，便結，心急跳，面黑，舌黃黑，而最可異者則頻呼肚痛，此係與前病絕少關係者。余格於情勢又不能詳細檢驗，只可進言用煖水敷湯腹部而已。此為余進宮視帝病最後一次。以後宮內情形及光緒病狀，余便毫無所知。惟聞慶王被召入宮酌商擇嗣繼位問題，未幾即聞皇帝崩矣。」自上面一段屈桂庭西醫的症狀判定，前一個月與十月十八日的判定毫無關聯，足見德宗帝身體素弱，常有遺洩及腰痛等疾，但是後來為什麼會變到肚絞痛，精神崩潰呢？這是耐人尋味的。

㈡中醫的診治：

現在將藏存故宮博物院的脈案和處方，謹錄於後：

(A)光緒三十四年十月十四日脈案（無名氏診脈或脫落）

前數日未服藥時，每晨大便，猶能略下些須，乃自服藥二日中，竟絲毫未解。至於欬喘、難步、腿痠、失眠、痲冷、發熱、身痛等症。亦皆因服藥有增無減。昨晚戌初，睡至亥初醒，只睡一個時辰後即頻作大嗽，攪擾不能再睡，勉強忍耐至丑初二刻起來。起後仍屢作欬，左右半身之筋，皆作頓痛，大便仍未解下，動轉氣逆，發喘無力行走，食物作悶，耳響堵悶，諸恙皆如前。（註一三）

(B)(1)光緒三十四年十月十九日施煥請得脈案與所開藥方

皇上脈兩尺弦數無力，左寸關細數，右關寸帶濇，六部均較前略大，血衰氣浮，上實下虛，乾咳喘逆，夜不成寐，胸膈堵悶，欲食無味，渴思虛陽內灼，津液不升，肺胃不降，病源起於頭暈，下流至於腰疼，前則由上而下，今又由下而上，其中最要者總以胃氣為本，按法應當納肝腎之氣，以潛陽

清浮遊之火，以保肺乃可以顧胃氣。謹擬藥味上呈

酸棗仁三錢（生一半炒一半）　浮小麥六分　生龍齒八分

海蛤粉三錢　桑螵蛸五錢　肥玉竹二錢

引用黑芝麻四錢　枸杞根一錢五分　煅龜板一錢

(2)光緒三十四年十月十九日杜鍾駿請得脈案與所開藥方

皇上脈象左三部，輕按弦數而滑，重按則無力。右寸關滑、數鼓指，今日大便雖得，三結氣痰仍未下降，喘欬仍未見輕，口乾且枯，熱味甚重，知餓不能食，不但痰壅於肺，而且熱積於胃。所以二便皆不甚暢，經謂呼出心肺，吸入腎肝，痰阻道路，呼氣不能泄心肺之壅，吸氣不能益腎肝之虛，痰熱壅阻太過，尤爲關要，論痰壅宜導，而正虛宜補，實實虛虛，均有顧忌，殊深棘手。謹擬四磨飲法佐以清滌痰熱之品，平其逆氣，以冀喘咳見輕也。

水磨沉香汁一分　梨汁一酒杯　水磨人參汁二分

荸薺汁一酒杯　水磨烏藥汁一分

右將水磨藥三味如煎藥法加水入銚中一沸取起以梨汁荸薺汁和入即服，如得喘滿略平，可再接服此重藥輕用之意。

(3)光緒三十四年十月十九日呂用賓請得脈案所開藥方

皇上脈，今日兩手門弦大而數，兩尺細數無力。咳嗽不止。胸滿氣，促喘不得臥，麻冷發熱，飲

食難進，夜不成寐，起坐維艱，病勢日漸加劇，合按病情總由，中氣損不能承領上下，以致上而逆滿喘嗽，下而大便不行，清氣不升，濁氣不降。而通體爲之困乏。于棘手之際，求調攝之方，仍宜降肺胃上逆之氣，滋肝腎浮越之火。謹擬地骨皮飲合清燥潤肺湯加減。上呈

地骨皮二錢（甘草水泡）　肥知母一錢五分　淮牛膝一錢五分

苦杏仁二錢（去皮尖）　霜桑葉一錢五分　沙枳殼六分

川貝母三錢（去心）　枇杷葉一錢五分（去毛炙）　雲茯苓二錢

(4)光緒三十四年十月十九日周景濤請得脈案所開藥方

皇上脈左寸關弦細數，左尺尤數，右寸大而無力，右關濇滯，右尺數弱，咳喘仍未少減，早間雖見大便，仍極燥結，腎爲胃關，腎氣不固，則胃失傳化之能，水穀之精，爲相火薰灼上蒸於肺，水氣亦隨而升導，實則虛虛，補虛則實實，用藥在在窒礙，謹擬生津降氣甘酸，合化佐以鹹寒法，列方伏候聖裁。

甘枸杞三錢　烏梅二枚（鹽水洗）　海蛤殼六錢（杵先入）

正化皮四分　金石斛三錢　生白芍三錢

黑芝麻二錢　引用荸薺三枚　海哲皮二兩（洗極淡）（註一四）

有一件總管內務府呈報軍機處的呈文並粘脈案一紙，全錄於後（註一五）：

(C)總管內務府爲呈報事：六月十三日軍機大臣口傳奉旨，著將陳秉鈞等每日請得脈案鈔給軍機大臣

御前大臣各部院衙門並各省將軍都統督撫等閱看，如知有精通醫學之人，迅即保薦來京，欽此。相應將本日杜鍾駿等請得皇上脈案，刷印一分呈報貴處查照可也。須至呈報者右呈報（計粘脈案一紙）軍機處。光緒叁拾肆年拾月貳拾日。

(1)十月二十日杜鍾駿請得

皇上脈象左三部較小，惟右關獨數，考脈書大則病進，細則病退，積虛之體脈宜細，不宜大也。今日恙情火稍平而神益憊，喘不甚而氣覺短。痰仍未降，胸仍堵截，火仍未平，口仍作渴，胸腹微未和。仍作寒熱痲痺，頭悶耳鳴如舊，上壅未開，痰熱未降，肺虛不能，納氣歸腎、津液不能上承，治標治本，均宜兼顧，謹仍擬四磨飲平逆氣以豁痰，佐以五汁生津液以清熱。

水磨人參汁三分　麥門冬汁一兩　水磨沉香汁一分

秋白梨汁一兩　水磨檳榔汁二分　鮮石斛汁八錢

水磨烏藥汁三分　鮮荸薺汁一兩　鮮藕汁一兩

右將水磨四味入銚微煎取起以五汁和入飲入，如有效仍可再服一帖。

(2)十月二十日周景濤請得

皇上脈左寸關弦數，左尺數象。較昨雖略平，細小無力，右寸較昨稍小，仍覺散大。右關濇，右尺弱氣分，鹿神倦，口渴，胸膈仍阻，睡不能安，大便結，小便短，週身時見痲冷發熱，以症合脈，係屬陽氣陰液交見虧損，下元不固，眞氣上騰。猛功不能蠻補，不可急宣，甘酸生津，鹹寒降氣，以

冀坎氣歸元。謹按法擬方上呈

海蛤殼一兩（杵先入）　石決明五錢（杵先入）　甘枸杞三錢

鹽烏梅三枚　酸棗仁三錢　金石斛五錢

廣化皮五分（鹽水裝）　白石英三錢　左牡蠣一兩（杵先入）

鮮青果二枝（搗汁冲服）

(3)十月二十日呂用賓請得

皇上脈兩寸濡弱，兩關弦數，兩尺細數無力，呼吸之氣不勻，喘息見粗，咳嗽未平，寒熱未退，胸滿飲食減少，肺胃逆於上，肝腎陷於下，升降由是不利輸轉，因之失權，迭用清燥潤肺滋腎養肝之品，而口乾舌燥、便結、咳嗽、氣喘等症均未見減。仍按症處方謹擬寫白散六味丸加減，上呈

地骨皮二錢（甘草水泡）　苦杏仁二錢（去皮尖）　桑白皮一錢五分

金石斛二錢　雲茯苓二錢　枇杷葉一錢五分（去毛炙）

粉丹皮二錢　炒麥牙三錢　川貝母二錢

女貞子三錢　薏苡仁三錢

引用荸薺汁一酒杯兌服蛤蚧尾一對研末冲服

(4)十月廿日施煥請得脈案並寫藥方

皇上脈數，象左右退，右尺不退，關左無力，右濡濇，寸右小左不小。大便鞕，而迭見氣逆，應

平反覺氣粗，促堵虛陽內灼水，不濟火胃汗胃氣均受其虧，津液無滋，所以肺胃不降，氣促不平，且
臉微啓而白珠，露嘴有涎，而唇角動，肝脾腎陰陽兩虛，總當納肝腎氣以顧脾，滋心肺液以顧胃爲治，
謹擬藥味上呈

鱉甲四錢（醋炙）　酸棗仁二錢（生一半炒一半）　玉竹三錢
海蛤殼三錢　牛膝一錢　桑螵蛸三錢
淮山藥三錢（炒）　山茱萸一錢五分　引用麥門冬三錢
天門冬三錢

十月二十一日杜鍾駿周景濤兩位醫生的脈案及所寫藥方如後（註一六）：

(D)(1)杜鍾駿請得脈案並寫藥方

皇上脈象左三部細微欲絕，右三部若有若無，喘逆氣短，目瞪上視，口不能語，嗆逆作噁，腎元
不納，上迫於肺，其勢岌岌欲脫。謹擬貞元飲合生脈法以盡愚忱而冀萬一。

人參一錢　五味子五分　大麥冬三錢
大熟地一錢五分　炙甘草五分　當歸身五分
引用胡桃衣一錢

(2)周景濤午刻請得脈案並寫藥方

皇上左寸散，左關尺弦鼓，右三部浮如毛，若有若無。目直視，唇反鼻扇，陽散陰涸之象，勉擬

補天丸法以抒血忱。

(5) 紫河車三錢　黃柏三錢　龜板四錢(童便炙)

肥知母二錢　杜仲二錢　五味子一錢

廣陳皮五分　人參二錢

由上面(A)(B)(C)(D)四張脈案及藥方可以看出德宗帝二十日前的病症是極普通的遺洩腰疼，便結，咳嗽等病，但到二十一日爲什麼會突然目瞪上視口不能言語呢？明顯的是一個突然的反應……等跡象，不能不令人懷疑有下毒謀害之嫌。況且皇太后也得重病，宮中無人作主，這種事是可能發生的。「時太后病泄瀉數日矣，有譖上者，謂帝聞太后病有喜色。太后怒曰：『我不能先爾死。』十六日尚書溥良自東陵覆命直隸提學使溥塘陛辭：太后至瀛臺，猶召二臣入見，數語而退，太后神殊憊，上天顏黯澹，十八日慶親王奕劻奉太后命，往普陀峪(以後慈禧太后墓)視壽宮，二十一日始命返或有意出之。十九日禁門增兵衞稽出入，伺察非常，諸閹出東華門淨髮，昌言駕崩矣。次日寂無聞，午夜傳宮中教養醇監國之諭，二十一日皇后始省上於寢宮，不知何時氣絕矣，哭而出奔告太后，長歎而已，以吉祥轎舁帝屍，出西苑門入西華門。』(註一七)從這段記載可見慈禧臨死時，還有人進言挑撥，令到慈禧大怒，結果『召兩人入見，數語而退。』這八個字，裏面大有文章，又「在宮內毒物的保管與使用，往往是李蓮英經手的，德宗幽居瀛臺，都被幾個太監所操縱，所以太監要置皇帝於死地，實在是太容易了。況且一旦慈禧駕崩，如果德宗恢復執政，那末從李蓮英以下，一切看守過德宗的太監們誰都不會有命的。大家爲了保全自己的性命，乘著猛虎尚未出押先把他害死，這是情理上必然會發生的。」（註一八）這是說太監們有可能下毒。但是也有一種相反的說法：「溥儀自傳」中謂：「還有一種傳說是西太后自知病將不起，她不甘心死在光緒前面，所以下毒手，這也是可能的。但是我更相信的是她在宣佈我爲嗣皇帝的那天，還不認爲自己會一病不起。光緒死後兩小時，她還授命監國王（載灃）『所有軍國政事，悉秉承予之訓示裁度施行。』到次日才說：『現予病勢危篤，恐將不起，嗣後軍國政事均由攝政王裁定，遇有重大事件爲必須請皇太后（指光緒帝皇后，她的姪女那拉氏）懿旨，由攝政王隨時面請施行。』她之所以在發現了袁世凱那裡的危險之後，或者她在確定了光緒最後命運之後，從宗室中單單挑選了這樣一個嗣皇帝，也正是由於當時她還不認爲她自己會死得這樣快。在她說來當了太皇太后固然不便再替皇帝聽政，但在她與小皇帝間有個聽話的攝政王，一樣可以爲所欲爲。」（註一九）雖然溥儀這段話也說得很有道理，不過這只能減輕慈禧毒死德宗的嫌疑，還不能推翻德宗是被毒死的看法。

結論

經過西醫的診治和中醫診治脈案和處方的分析後，我們再看看德宗的上諭云：「癸酉（二十日）上病增劇諭內閣，自去年入秋以來，朕躬不豫，當諭令各省將軍督撫保薦良醫，旋經直隸、兩江、湖廣、江蘇、浙江各省督撫保送陳秉鈞、曹元恆、呂用賓、周景濤、杜鍾駿、施煥、張鵬年來京診視。

惟所服方藥，迄未見效，近復陰陽兩虧，標本兼病，胸滿胃逆，腰髖酸痛，飲食減少，轉動則氣壅咳喘，並以痳冷發熱等症，夜不能寐，精神困難困備，實難支持，朕心特深焦急……。」（註二〇）可見二十日的上諭前並未有肚痛、面黑、舌黃等惡急現象，而二十一日前病診脈案情形與上諭所敍相同，足證脈案處方是很有價値的直接史料。德宗帝突然肚痛而死，如非有人下毒，而爲一偶發事件，不得不令人懷疑。西醫屈某云十八日後，德宗已無人照料，故延至二十一日始爲皇后發現，故德宗崩逝於何日，迄今衆說不一。實無確切史料。

【附註】

註一：清德宗光緒皇帝二十四年八月（上）起居注册初六日丁亥所記。

註二：清德宗光緒皇帝二十四年八月（上）起居注册初八日己丑所記。

註三：清載湉小記（文內那拉氏指慈禧，載湉指德宗）

註四：梁啓超著戊戌政變記云「八月初六日垂簾之詔卽下，初七日有英國某教士向一內務府御膳房某員詢問『皇上聖躬安否？』某員言『皇上已患失心瘋病，屢欲向外逃云。』聞有內監六人導之行，至是將六監擒獲，於十三日與六烈士同處刑。』

註五：惲毓鼎著崇陵傳信錄。

註六：「光緒皇帝的收場」陳存仁博士著，新亞出版社有限公司出版，第十頁。

註　七：清德宗景皇帝實錄卷四百二十六頁十三。

註　八：吳永口述，劉治襄筆記「庚子西狩叢談」卷三頁八六至八七。

註　九：引自「中國近代百年史資料初編」下册頁四八六。

註一〇：同註五。

註一一：同註六第十四，十五，十六頁。

註一二：明代三案之一，光宗即位後，遇病，李可灼進藥丸，帝服而崩，是爲紅丸之案。

註一三：軍機檔錄副光緒朝第二七三〇箱第一四六包第一六九九八號。

註一四：軍機檔錄副光緒朝第二七三〇箱第一四一包第一六七三八一號。

註一五：軍機檔錄副光緒朝第二七三〇箱第一四一包第一六七三八五號。

註一六：軍機檔錄副光緒朝第二七三〇箱第一四一包第一六七四〇一號。

註一七：同註六第三十頁崇信錄云。

註一八：同註六第十七頁。

註一九：「溥儀自傳」長歌出版社印行，愛新覺羅溥儀著，第三十四頁。

註二〇：清德宗景皇帝實錄卷五九七頁九。

附錄一　合體的稱謂

故宮博物院所藏宮中檔奏摺原爲清代內府所藏，即習稱硃批奏摺，是清代中央及地方文武大員直接遞呈的奏章。依據「公題私奏」的規定，奏摺的具奏人可向皇帝直接秘密報告，而無須像正式的公文——題本一般必經過各級機關層層轉呈。奏摺的作用在防止權臣弄權，杜塞下情不能上達，俾皇帝可通悉天下的利弊得失，以收督察地方的實效。爲此宮中檔的題奏人實向皇帝一人傾訴，題奏人的自稱實關重大，稱臣乎？亦稱奴才乎？有些漢官文臣爲了表示自己卑小盡忠自甘稱奴才，也有的滿洲武臣爲了耀顯殊貴以自稱臣，但都遭皇帝申飭，奈違例也，現舉例如后：

㈠不該自稱奴才者，卻稱奴才。

雍正元年正月十七日黃國材摺，奉硃批曰向後奏臣字合體。

雍正元年三月九日楊宗仁摺，奉硃批曰向後稱臣得體。

雍正元年四月五日楊宗仁摺，奉硃批曰稱臣得體。

雍正元年四月五日楊宗仁摺，奉硃批改奴才爲臣。

雍正元年四月廿日楊宗仁摺，奉硃批改奴才爲臣。
雍正元年五月廿四日何天培摺，奉硃批曰具官銜寫臣字。
雍正元年五月廿五日佟世鏻摺，奉硃批曰向後書臣字得體。
雍正元年六月五日齊蘇勒摺，奉硃批曰向後寫臣字得體。
雍正元年六月九日何天培摺，奉硃批曰具職銜臣如此方得體。
雍正元年六月廿六日于國璧摺，奉硃批改奴才爲臣。
雍正元年十二月廿日高其倬摺，奉硃批改雲貴總督革職留任效力行走奴才向後書臣字得體一樣的。
雍正二年元月廿一日張廷玉摺，奉硃批改戶部尙書臣。
雍正二年五月廿九日毛文銓摺，奉硃批改奴才用臣字得體。
乾隆三十九年七月二日甘國寶摺，奉硃批曰所書銜處稱臣殊不合體式，向來武職具摺例稱奴才。

㈡不該自稱臣者、卻稱臣。

清高宗爲了內外大臣以後具摺書銜不再有違例情事，特別頒下一道上諭以訓示之。乾隆三十八年十一月戊午（三日）諭：

「本日御史天保，馬人龍奏監考教習查出代債之弊一摺已交部查辦。至其摺內書銜，因天保在前遂概稱奴才，向來奏摺滿洲率稱奴才、漢官率稱臣，此不過相沿舊例且亦惟請安、謝恩及陳奏己事則然。若因公奏事，則滿漢俱應稱臣。蓋奴才則僕，僕即臣、本屬一體，朕從不稍存歧視。不過書臣覺字面冠冕耳。初非稱奴才即爲親近而盡敬；稱臣即爲自疎而失禮也。且爲君者，豈繫臣下之稱臣稱奴才爲榮辱乎。今天保、馬人龍之摺如此，朕所不取。若不即爲指斥，恐此後轉相效尤，而無知之徒或因獻媚否或竊爲後言不可不防其漸。即如各部院衙門題奏摺本，雖至微之筆帖式無不稱臣，又何容強爲區別於其間耶。嗣後凡內外滿漢諸臣，會奏公事，均著一體稱臣，以昭畫一。著爲令將此通行傳諭知之。」

但後來福建提督甘國寶具摺卻自稱臣，清高宗非常不滿除下旨申飭並對前旨有所補充說明：

「乾隆三十九年七月初四日奉上諭福建提督甘國寶奏請陛見及請安摺內於書銜處稱臣，殊不合體式。向來武職具摺例稱奴才，上年因御史天保、馬人龍連銜具摺奏事概稱奴才，曾降旨令內外滿漢諸臣嗣後陳奏公事均一例稱臣，此第就文職而言，並未概及於武臣，且請安謝恩之類亦非公事也，乃外省提鎮未能體會前旨遂爾誤稱，此皆無知字（寡）識所爲。若謂甘國寶自圖體面諒亦未必敢也。前此右江鎮素爾芳阿奏事稱臣，因其身係滿洲尤不應不諳規矩曾經申飭。今甘國寶又復如此恐各省相類者尙多，著傳諭各該督撫即行知照各提鎮一體恪遵毋致違舛此者……。」

從以上兩件上諭明瞭，清代大臣具奏書銜，滿洲率稱奴才，漢官率稱臣，此只就請安、謝恩及陳奏己事爲然，若奏公事文職概稱臣；武職提鎮總兵，不論奏公事或奏私事也只能自稱奴才。總之，在專制帝王統治下，內外大臣皆是僕，稱奴才也好，稱臣也好，又有什麼差別哩！

附錄二　宮中檔說從頭

史料與史學關係極爲密切，沒有史料便沒有史學。史料一般分爲直接史料與間接史料，檔案是一種直接史料。歷史學家藉著檔案始能認識史事的眞象，因此檔案的搜集與整理，便是史學研究的入門工作。經由檔案的運用，比較公私記載作有系統的排比、敍述與分析，使歷史的記載與客觀的事實彼此符合，才是信史。有清一代史料浩如煙海，近數十年來由於清代檔案不斷的發現與積極的整理，使清代史學的研究步上新的途徑。

國立故宮博物院成立之初，即以典藏文物爲職志，其後因時局動盪，遷徙靡常。惟其移運來臺之文物爲數仍極可觀。現藏清代文獻檔案猶近四十餘萬件，舉凡清代歷朝宮中檔御批奏摺，軍機處月摺包及檔册，內閣簿册，起居注册，實錄，本紀，詔書，國書，舊滿洲檔，清國史館及清史館紀志表傳等等，品類繁多。這些檔案都是研究清史的直接史料，因此彌足珍貴，深受國內外史學界重視。

清代宮中檔奏摺，原爲中央及地方文武大員直接進呈給皇帝的奏章，皇帝閱覽後即親筆批示其上。所批多半係用紅筆故稱爲硃批，奏摺經硃批後發還原題奏人，再定期繳回宮中貯存，故稱爲宮中檔奏摺或稱宮中檔御批奏摺。這些奏摺原爲君主廣諮博採的主要工具，臣工凡有聞見，無論公私事件，得以私人身份據實向皇帝奏聞。臣工們彼此不能相商，各奏各的。奏摺內容較例行本章翔實可信，所有不便形諸本章的機密事項，或與朝廷體統休關的事情，或有興革更張之請等，俱在摺奏之列。而且奏摺因有皇帝的硃批，價值更高，從他們的硃批中，使我們看出清代君主的性格與感情以及個人的學養，例如清聖祖拘謹小心，批示臣工奏摺時仔細小心從不寫過份的辭句。清世宗刻薄寡恩，喜怒隨意，敢作敢爲，在他的硃批裏常常看到一些令人發噱的「戲批」，呵責大臣的「謾罵」，親如家人父子的「情話」，常使大臣惶惶不可終日。清高宗的好大喜功，在硃批中表現無遺。總之，這些硃批諭旨中有非常豐富的資料可以做爲研究清代帝王的生平事功以及他們治術的參考。由於宮中檔奏摺保有原來面貌，非通行之或經塗飾刪改之官方文書可比，其史料價值更高。再就宮中檔奏摺的史料來源而言，主要來自各省外任官員，所以宮中檔奏摺對地方事件報導極詳，因此宮中檔奏摺具有非常豐富且價值頗高的地方史料；舉凡吏治、社會、經濟、文化及中外關係等各方面無所不包。總之，就研究清代歷史來說，宮中檔奏摺的重要性實駕乎其他文獻檔案。

由於宮中檔奏摺具有重要價值，早在故宮博物院成立之初，經博物院前輩專家整理，陸續在〈文獻叢編〉、〈史料旬刊〉等刊物上發表，國際學術界才漸漸知道這批奏摺的內容與價值。可惜後來中國多難，戰禍連年，出版工作因而停頓。故宮文物經幾度播遷，輾轉運臺。民國五十四年，國立故宮博物院在臺北士林外雙溪建置後，首先展開宮中檔的整理工作，本院運臺的清宮中檔奏摺，雖非舊藏之全部，尚得十五萬八千餘件。經多年之整理，始克完成宮中檔之登錄編號、內容摘要的工作，製就檔案卡片並編有事由分類索引及具奏人姓名索引，放置於本院圖書館內便於院內外讀者查閱與使用宮中檔奏摺原件，達到史料公開的第一步。

民國五十八年起故宮博物院創辦了〈故宮文獻季刊〉，專以發表清史研究論著與院藏宮中檔奏摺的學術刊物，在臺灣首先開啓了刊佈宮中檔奏摺之門，後來幾年又陸續地印行了袁世凱與年羹堯的宮中檔專輯作爲〈文獻季刊〉的特刊，但爲數有限。爲達到將全部宮中檔奏摺介紹給中外學人，爲史學界服務的目的仍覺微不足道。有鑑於此，國立故宮博物院於民國六十二年四月決定大量公開宮中檔奏摺，編印出版〈宮中檔奏摺專輯〉。

〈宮中檔奏摺專輯〉之編印，係根據本院現藏各朝宮中檔漢滿文御批奏摺，分朝出版專輯。按宮中檔奏摺具奏年月日先後次序彙編景印成輯。凡奏摺有月無日者置於該月之末並標明「缺日期」字樣，其年月不詳者另置於無年月部分。宮中檔奏摺因文體可分漢文摺、滿漢合璧摺、滿文摺三類。因漢滿文體不同，遂將滿文部分移置每輯書末或另編成輯，而由左至右照原摺景印有別於漢文部分。爲便於查閱，各輯俱編寫簡明目錄，標明具奏時間，具奏人官職、姓名，並摘錄事由。宮中檔雍正朝奏摺專輯前九輯以硃墨套色影印用以保存御批眞跡，惟刊印效果不彰，因此以後幾輯及其他各朝專輯均以單色景印，至於御批部分分別標明各種符號以示與奏摺本文區別。

民國六十二年六月起首先編印〈宮中檔光緒朝奏摺〉，光緒奏摺漢文有一萬八千餘件，滿文有四百餘件，每月出版一輯，至民國六十四年七月，共編印出版了二十六輯並附題奏人索引。繼光緒朝之後於民國六十五年六月起編印〈宮中檔康熙朝奏摺〉，康熙朝奏摺漢文有二千九百餘件，滿文八百餘件，不定期編輯出版，至民國六十六年六月共編印漢文七輯，滿文二輯共九輯。再次編印〈宮中檔雍正朝奏摺〉，雍正朝奏摺漢文有二萬二千餘件，滿文八百餘件，自民國六十六年十一月起，每月出版一輯，至民國六十九年六月共編印漢文二十七輯，滿文五輯共三十二輯。自民國七十一年五月起，著手〈宮中檔乾隆朝奏摺〉編印工作，乾隆朝奏摺漢文有五萬九千餘件，滿文六十餘件，最初仍續例每月編印一輯，至民國七十四年元月起為提前結束編印宮中檔奏摺工作，因而增加人力加速編印。至十一月〈宮中檔乾隆朝奏摺〉已編印完六十二輯，而只出版了三十七輯。乾隆朝奏摺預計編印七十餘輯，當在半年內全部完成。至於出版工作仍須加緊進度才能配合得上。至民國七十七年總計宮中檔奏摺已完成編印出版了一四二輯，包含宮中檔奏摺約十萬餘件，相信對清史研究必是一項有益的工作。

附錄三「密摺」——王鴻緒的「小摺子」

宮中檔奏摺現藏國立故宮博物院共有十五萬餘件，依奏摺性質分有請安摺、謝恩摺、奏事摺、與密摺。其中奏事摺所包羅的範圍最廣，如雨水糧價、銓選、遷調、考課、封蔭、旌表、錢糧、捐納、陞見、河工、京控、耗羨、災賑、漕運、海運……等。宮中檔奏摺依使用紙質分有黃綾摺、素紙摺、白綾摺。譬如請安摺用以恭請聖安，通常祝壽與請安常用一摺，臣工爲表示恭敬鄭重，請安摺封面封底多裱用黃綾絹，稱黃綾摺。而奏事、密奏或謝恩等摺，則應用素紙摺，偶有用黃綾摺但件數極少。至於白綾摺則僅限皇帝或皇太后駕崩，新君即位文武大臣瀝陳下悃，敬表慰問孝思時使用。臣工奏謝皇帝恩賞福字、詩文、頂帶（清朝官服，帽頂珠形，以珊瑚、藍寶石、青金石、水晶、硨磲，金爲官品之別，謂之頂戴或頂帶。）、書册、珍品、膳食，及調補陞轉，減罰……等均須具摺謝恩。而奏事摺與密摺的區別，只在奏事機密等級的不同而已。清初奏摺，例應由原具奏人親手繕寫，詞但達意，而字畫隨意；但密摺必須愼之不得令人代寫。清世宗以後除密摺必須由具奏人親手寫外，其餘奏事摺等已酌准令人代寫，而自清高宗以後，除直省大臣年底密陳屬員考語，或參劾官員外，密摺已不多見。

故宮博物院現藏王鴻緒的宮中檔奏摺共計有五十二件，而其中密摺卻有二十九件之多，其他純請安摺十三件及請安摺有清聖祖密諭一件，奏事摺六件，另有三件小紙條式的清聖祖硃筆上諭。王鴻緒的密摺數量是宮中檔中最多的，因此王鴻緒的密摺確實有介紹的必要。

王鴻緒生於清世祖順治二年（西元一六四五）卒於清世宗雍正元年（一七二三），原名度心，字季友，號橫雲山人，江南婁縣人。順治十八年，鴻緒補博士弟子員。康熙十一年與順天鄉試，十二年一甲二名進士授編修。十六年，充日講起居注官，兼翰林檢討。十八年，遷翰林院侍講。二十一年，轉侍讀，充〔明史〕總裁官。二十二年十二月，擢內閣學士兼禮部侍郎。二十三年九月，擢戶部右侍郎。二十四年正月，入直南書房，典會試。二十六年三月，補都察院左都御史。二十八年左都御史郭琇劾其與高士奇等招權納賄，皆令休致。三十三年八月，奉特旨起用，總裁〔明史〕。三十八年五月，授工部尙書。四十二年正月，扈駕南巡，十月充經筵講官。四十七年五月，轉戶部尙書。四十八年，以附和內大臣阿靈阿等議立太子事，奉旨切責，原品休致，解任回籍，重理〔明史〕，成「列傳」二百零八卷。五十四年二月，復召回京，充纂修〔詩經〕總裁官。雍正元年六月，進呈〔明史〕全稿紀志表傳凡三百一十卷。同年八月卒於京，年七十九歲。鴻緒博雅高華，致力經史，樂善好施，言論侃侃，雖與明珠、高士奇輩互結黨援，納賄營私，亦止於暗爲關照，不至生殺擅專，誣陷正人，故能於屢遭劾罷之後，皆蒙帝恩曲予保全，不加窮究。

王鴻緒密摺的呈送與一般奏摺的遞送迥然不同；在京部院摺，由堂官親遞；而自奏摺件，貝勒以下皆須親遞，親王郡王准由屬官代遞。文武大臣年逾六十者，亦准代遞。各省地方奏摺，或遣差弁千總、把總，或遣親信家丁齎送。然後均由宮中內奏事處呈進御覽。但至於密摺收發尤爲隱秘，一概不令人知道，或親遞，或置於請安摺內加封呈進。王鴻緒密摺呈進，在清聖祖南巡時更加隱密，王鴻緒所繕之密摺，摺外用紙加封，封面僅書南書房謹封字樣，而不露姓名。王鴻緒詣南書房時將密摺面交宮報首領，密達御前，俟御批發下後，王鴻緒再詣南書房親自領回。這樣隱密的奏摺，今日能公開的閱讀是多麼難能可貴呀！

王鴻緒密摺的大小格式也異於一般奏摺，特介紹於後，密摺封面中上部位皆書「密奏」兩字，而第一面第一行均書「臣王鴻緒謹密奏」字樣。奏摺的行數，每幅有四行、五行、六行三種，其中以每幅五行的密摺居多，有二十六件。而以每行的字數多少可分四種：一行十格，抬頭一字，平行寫九字計二件。一行十一格，抬頭二字，平行寫九字計十七件。一行十二格，抬頭二字，平行寫十字計有八件。另有二件一行廿格，抬頭二格，平行寫十八字。再就密摺的大小而言，王鴻緒密摺的「小」也是它的特色，其中最小的一件長七・七公分而寬僅三・七公分，更是現存奏摺中最小的一件。最大的長二〇公分寬一〇公分有一件。最多的長八公分寬四公分計有廿五件。另有長九公分寬五公分及長十九・八公分寬九・四公分各一件。再看一般宮中檔奏摺長短種類固然很多，但就清高宗以後督撫提鎮等地方官員最常用之奏摺以長二一・八公分寬九・八公分居多即所謂的「三寸摺」；內閣部院摺以長二四公分寬一一・五公分的居多。若以王鴻緒的密摺與之相較純屬小之又小，如同「袖珍型」，再加上密摺的特性，眞可謂打「小報告」了！

王鴻緒的密摺依其具奏的內容大略可分三類：

一、具奏有關恩准書寫小摺的密摺有三件：

(1)密奏破格委任書寫小摺宜更加小心摺（二五一七）

(2)密奏奉旨親書密摺以防旁人窺見並奏聞關差強買平人民女摺（二五三九）

(3)密奏奉旨具奏密摺愼密收發摺（二五五〇）

二、具奏有關地方事宜的密摺有二十一件：

(1)密奏寶泉局借公帑以利私銀摺（二五一四）

(2)密奏傅作楫遭解役強討賞銀並被綁緣由摺（二五一五）

(3)密奏河員欠帑追繳情形摺（二五一九）

(4)密奏通倉糧米虧空並山東養民情形摺（二五二一）

(5)密奏順天鄉試主副考官被謗摺（二五二四）

(6)密奏黃純祐攬包捐馬私收銀兩摺（二五二二）

(7)密奏捐馬事並黃純祐覇占圖利摺（二五二三）

(8)密奏捐馬包攬呑帑混收混報並查明李靖公其人摺（二五二五）

(9)密奏通倉通庫分別虧空米石庫銀摺（二五二六）

(10)密奏陝西捐納減四實米兩項事例摺（二五三三）
(11)密奏各省冒銷錢糧並急須盤查戶部銀庫摺（二五三二）
(12)密奏甘肅茶馬草料用咨文暗銷情形摺（二五三四）
(13)密奏捐馬馬票虛僞並參張霖行鹽舞弊摺（二五三七）
(14)密奏銅商強買民女並奏明密陳摺子摺（二五三八）
(15)密奏江浙雨澤收成並捐輸建造西湖行宮摺（二五四〇）
(16)密奏江浙水旱淮揚安瀾並戶部大買草荳情形摺（二五四三）
(17)密奏滿員私挖人參並參官員劣蹟摺（二五四五）
(18)密奏陶和氣等詐銀緣由摺（二五四六）
(19)密奏江浙海賊劫商並嚴懲搶糧積棍摺（二五四七）
(20)密奏大學士王掞妄語並陳張伯行主考情形摺（二五四八）
(21)密奏山東開濬河道工費浮開摺（二五四九）

三、具奏有關審訊案件的密摺計有五件：

(1)密奏泰布與牛鈕同審托薩叩閽摺（二五一六）
(2)密奏會審原任吏部侍郎陳汝弼受賄作弊摺（二五一八）
(3)密奏九卿會議陝西捐納事例並重修河工情形摺（二五三一）

(4)密奏會審袁橋參控噶禮一案情形摺（二五三五）

(5)密奏查訪范溥所謂第一人並奏獲盜研訊情形摺（二五四二）

王鴻緒除了二十九件密摺引人注意外，清聖祖除在其密摺字裏行間不時加上硃筆夾批外，還特書三件小的硃批密諭更值得重視：

「京中有可聞之事卿密書奏摺與請安封內奏聞，不可令人知道，倘有洩漏甚有關係，小心！」（二五一一）

「前歲南巡，有許多不肖之人騙蘇州女子，朕到家裏方知。今年又恐有如此行者，爾細細打聽。凡有這等事親手密寫來奏聞。此事再不可令人知道，有人知道爾即不便矣」（二五一二）

「有所聞見，照先密摺奏聞。」（二五一三）

綜觀王鴻緒的密摺及清聖祖三件硃諭，使我們瞭解清聖祖對王鴻緒是如何看重，君臣如何親密。更可以看出貴爲萬人之上的皇帝仍需要靠親密大臣時時暗陳密摺，以確切明瞭地方民隱，官吏善惡，進而統治全國，俾中央與地方不爲大臣弄權。足見密摺在專制政體中是一項不可缺少的統治工具，同時也透露出它的機密性及神密性。

附錄四　清廷致英法國書因何未出國門？

所謂「國書」是國家元首代表政府致書於他國元首之文書。國立故宮博物院現藏有清代早期羅馬教皇、中晚期暹羅、緬甸、韓國、安南、日本、俄國、西班牙、比利時、葡萄牙等國致清廷國書，亦有清廷致英法國書，共計有十九件之多。而國書除一般紙質外，尙有金葉、金箋、銀表，極爲珍貴。現藏十九件國書中，有滿清致英法二國的國書，最富特殊意義。照理說這兩件國書應藏在所致送的國家，而何以仍在清朝宮中呢？緣因清光緒三十一年（一九〇五）清廷預備立憲，六月十四日命鎭國公載澤，戶部侍郎戴鴻慈，湖南巡撫端方分赴東西洋各國考求一切政治，六月二十五日派商部右丞紹英隨同出洋考察各國政治。同年八月十九日出洋考察之五大臣載澤、戴鴻慈、徐世昌、端方、紹英等進宮陛辭請訓。當時以載澤、紹英、徐世昌三人赴英法日比等國考察，故備有現藏國立故宮博物院之致英法兩國之國書，除轉達清朝皇帝問候英法兩國君皇之意外，並希望英法君皇推誠優待，便利出洋考察大臣從容考究政治以備清朝采酌施行。未料於八月廿六日（一九〇五年九月廿四日）五大臣準備起程出國，甫出正陽門擬登上火車，革命烈士吳樾在火車上引發炸藥，傷了載澤、紹英，因此未能成行。故此二件國書因未致送而留存宮內。九月廿八日清廷改命山東布政使尚其亨，順天府丞李盛鐸，以替代紹英（受傷）、徐世昌（已授巡警部尚書），會同原派的載澤、戴鴻慈、端方前往各國考察政治，再另備國書分批出洋考察。

清朝國書除封面封底彩綉龍紋，每一國書均外附華麗函套，綉著黃金色彩龍圖，龍身圓形栩栩如生，有活龍活現之妙。文字以漢滿文並列。漢文由右至左，滿文由左至右，因此文內年月日剛好並排，上鈐皇帝寶璽。為了進一步瞭解國書的形制，現將兩國書內容記述於後：

「大清國遣使出洋考察致英國國書」：「大清國大皇帝敬問大英國大皇帝好。中國與貴國通好有年，交誼益臻親密。夙聞貴國政府文明久著，政治日新，凡所措施悉臻美善，朕睠念時局，力圖振作，思親仁善鄰之道為參觀互證之資。玆特派署兵部侍郎　徐世昌，鎮國公　載澤，商部右丞　紹英前赴貴國考察政治。該大臣等究心時務才識明通，又為朕所信任，爰命奉國書代達朕意。惟望大皇帝推誠優待，俾將一切良法美意從容考究，用備采酌施行，實承大皇帝嘉惠友邦之厚誼。大清光緒三十一年八月初九日。」

「大清國遣使出洋考察致法國國書」內容除了稱呼「大法國大伯理璽天德好」稍有不同外，餘皆與致英國書同。

這兩件國書與滿清政府的預備立憲有牢不可分的關係，清廷預備立憲才派員出國考察政治，而由於革命烈士吳樾的壯烈犧牲，謀炸五大臣，才使得出國之行受阻，這二件國書也因此不能送出國門，撫今思往，實令人浩歎不已。

附錄五　院藏清代的官文書——「詔」「誥」

清代的官文書，關係國家典制而經內閣出納的，有八種：「制詔誥敕，題奏表箋」。（清光緒朝會典）卷二註之云：「凡大典禮而宣示百官的稱制辭，國家有大政事布告臣民重示彝憲有詔有誥；中外文武各官有覃恩封贈，官階在五品以上及世爵承襲罔替有誥命，而官階在六品以下而世爵有襲次者稱爲敕命，而誥命及敕命均是誥的一種。諭誥外藩及外任官有坐名敕，傳敕曰敕諭。」至於進呈文書可分題奏表箋四種。陳事曰疏，即題本奏本之稱；而中外臣工慶賀皇帝皇太后曰表。皇后曰箋。這些官文書，均係內閣所掌，由於內閣輔弼天子，秉國之鈞，全國政事，靡所不統，文書類別繁多，但歸納起來可分兩種即一內閣承宣綸音（皇帝上諭）以頒於外者即制詔誥敕之屬；二內外臣工進呈覽的即題奏表箋之屬。表箋也有特殊的意義，清代帝后誕日及元旦、長至（冬至）、謂之三節，臣工依例向帝后表示慶賀：各省督撫概用題本，其餘官員則用表箋。進呈皇帝、皇太后的叫表，進呈皇后的叫箋。表箋各具正副二份，正表正箋皆捲而不摺；而副表副箋則摺疊如題本奏本式。至於其內容則千篇一律，都是慶賀，歌功頌德的詞句。

國立故宮博物院現所珍藏清代文獻檔案種類衆多，而各類數量甚夥，有關官文書者除衆所周知之宮中檔奏摺，軍機處錄副奏摺外，尚有詔書及誥命。詔書有廿種五十件，多爲上徽號，即位與親政之事。誥命有兩件爲外界所贈送者。分別就詔、誥簡介於後：

詔，亦曰詔書，〔文心雕龍〕謂詔者誥也。而段氏〔說文〕謂秦造詔字，惟天子獨稱之文。其爲秦漢以來天子布告之文書，歷代因之。清代頒行詔書，率皆由內閣大學士，學士承旨密擬，應行詔款，再密請欽定，中書再用黃紙墨書，並加紅圈句讀。隨後學士率典籍官，奉至乾隆門，用御寶畢。典籍官恭捧前行，學士隨後至太和殿、安設御前黃案上，候皇帝御殿陞寶座，御覽畢，大學士捧受部堂官頒行。而詔書鈐寶璽者，例須繳還宮中珍藏，每種詔者分別書有幾份不等。現錄國立故宮博物院所藏的清同治十三年十二月初五日載湉入承大統詔爲例加以說明：內容如下：

「奉天承運皇帝（同治帝）詔曰：皇考文宗顯皇帝覆載隆恩付卑以來，仰蒙兩宮皇太后（慈安、慈禧）垂簾聽政，宵旰憂勞。嗣奉懿旨命朕親裁大政仰維列聖家法，一以敬天法祖勤政愛民爲本。自維薄德敢不朝乾夕惕惟日孜孜。十餘年來稟承慈訓勤求上理，雖幸官軍所至粵捻各逆次第剿平，滇黔關隴苗匪回匪，分別剿撫俱臻安靖；而兵燹之餘吾民瘡痍未復，每一念及寤寐難安。各直省遇有水旱偏災，疆臣請蠲請賑無不立沛恩施，深宮兢惕之懷當爲中外臣民所共見。朕體氣素強，本年十一月適出天花，加意調攝乃邇日以元氣日虧以致彌留不起，豈非天乎？顧念統緒至重亟宜傳付得人。茲欽奉兩宮皇太后懿旨醇親王奕譞之子載湉著承繼文宗顯皇帝爲子入承大統爲嗣皇帝特諭。嗣皇帝仁孝聰明，必能欽承付託，天生民而立之君使司牧之，惟日矢憂勤惕勵，於以知人安民永保我丕丕基並孝養兩宮皇太后，仰慰慈懷並願中外文武臣僚共矢公忠，各勤厥職用輔嗣皇帝郅隆之治則朕懷藉慰矣。喪服仍依舊制二十七日而除，布告天下咸使聞知。同治十三年十二月初五日」

該詔書旨在公告天下，同治帝在位十三年，深受慈安慈禧兩皇太后慈訓教誨，勤政愛民，除逆賑災，皇恩昊大，可惜罹患天花，調攝罔效，英年早逝卒於同治十三年十二月初五日酉刻（下午五時至七時）享年十九歲。並經奉兩宮皇太后懿旨選立醇親王奕譞之子載湉承繼咸豐帝爲子並立爲嗣皇帝，也就是爾後的光緒帝（年五歲），慈安慈禧仍安坐太后位並可垂簾聽政也。洋洋灑灑數百字，隱匿了多少宮帷瑣事。該詔書滿漢文同書，年月日鈐「皇帝之寶」御寶。

誥者告也，〔說文〕段注：「以言告人，古用此字，以此誥爲上告下之字。」誥之作用可分命官或封贈之用，如制誥，誥命等。以命官而言：〔明會典〕云：「洪武十七年，奏定有封爵者，給誥如一品之制。二十六年定一品至六品，皆授以誥命，誥用制誥之寶。」而六品以下稱敕命。按清因之。凡誥命，敕命，皆有撰定之文字，用時按品塡寫，其式稍別。就封贈而言：是朝廷賜給功臣及其先世以爵位名號之榮典。封典始於晉宋，及唐而備，其制各代不同。清制：凡覃恩予封者，本身爲授，曾祖父母，祖父母，父母，及妻，存者爲封，歿者爲贈。五品以上官，授誥命，謂之誥授，誥封、誥贈；六品以下官，授敕命，謂之敕授、敕封、敕贈，一品官逮其曾祖父母，三品以上逮其祖父母，七品以上逮其父母及妻，九品以上僅予其身。各有定例，謂之例授，例封，例贈。清代賞給世爵封誥分世襲罔替及世襲有次兩種，玆分別舉例於后：

世襲罔替誥命如例：

耿居仁賞給恩騎尉世襲罔替誥命

奉天承運皇帝制曰……耿居仁六世祖耿廷籙，原係參將，順治四年流寇陷城，被執不屈死，欽奉特旨賞給恩騎尉與爾承襲，世襲罔替。

嘉慶十五年四月二十二日

耿居仁因病辭退，所出恩騎尉世職，與原立官耿廷籙七世孫耿汝璋承襲，世襲罔替。

嘉慶十七年八月十六日

耿汝璋病故，所出恩騎尉世職，與原立官耿廷籙八世孫耿維煌承襲，世襲罔替。

道光七年十月初六日

這件誥命的年月日處都蓋有「制誥之寶」的御寶。世襲罔替的誥命，爲綾錦製成，五色相兼，並設不同軸，其規定如清光緒朝會典云「清代誥封，一品者鶴錦玉軸，二品者麒麟錦犀軸，三四品者洋蓮錦貼金軸，五品如意錦黑牛角軸，六品者以下葵花錦亦以黑牛角爲軸。」

世職官有襲次者謂之敕命，則不設軸，用龍造紙卷，如例：

吳魁麟賞給雲騎尉世職准再襲一次敕命：

「奉天承運皇帝制曰：吳魁麟爾父吳玉祥，原係巡捕營阜城汎經制外委，因出師獨流，打仗陣七，賞給雲騎尉世職，准再襲一次。

咸豐四年十月初八日」

右書年月處，鈐「敕命之寶」。

國立故宮博物院現藏誥命計有兩件，㈠清工部營繕司額外員外郎加三級吳臣清本身妻室誥命，係民國七十一年十月日本華僑林敬民及日人北村利男先生合贈的。㈡明寶慶知府冀光祚父贈封母加封誥命，係民國七十五年日人高橋福造先生贈送。形式與前述誥命有襲次者相同。

附錄六　紫禁城內的環保

北平位於河北省的北部，自宋以後，歷代曾作爲國都，先後有九百餘年，故稱北平爲我國千年故都。北平建築宮闕自遼朝開始，遼宮舊址當在清皇城的西南隅，築城面積有三十六里，長有三丈，寬有五尺。每邊有兩個門，四邊共有八個門；東邊有東安，迎春；西邊有顯西，清音；南邊有開陽，丹鳳；北邊有通天，拱辰；遼稱南京，並稱燕京。宋宣和四年燕京爲金所佔，宣和五年宋與金會師攻遼，佔領遼的涿易等處，於是金以燕京歸宋以爲酬庸。但宣和七年燕京復爲金所奪，仍名燕京。金貞元元年改燕京爲聖都，不久又改稱中都並建築內外城。元，滅金宋，於世祖至元四年始定鼎於中都之北三里始築新城，九年廢中都，名稱改爲大都。明洪武元年太祖命大將軍徐達北取元都，並將元朝設置的大興府屬大都路廢止遂設北平府，此爲北平得名之始。縮小大都城北邊五里，建築新城。明初燕王棣分藩北平，既以雄武之姿整軍備策戰守，益加修治北平城。洪武三十一年明太祖崩，太孫允炆立是爲明惠帝，但燕王不滿，遂舉兵靖難，纂位自立繼承大統，採納禮部尙書的建議：「見北平布政司實皇上承運興王之地宜立爲京師。」詔曰「可」。成祖便以北平爲北京，並改北平府爲順天府。永樂四年修建禁城宮殿並加修城垣。十八年遣萬人重修益加宏壯。明英宗正統元年（西元一四三六年）修建九門城樓：東西北三邊各二門南邊三門，齊化、東直在東邊，平則、西直在西邊；安定、德勝在北邊，麗正、文明、順承在南邊。後來將麗正門改爲正陽門，文明門改爲崇文門，順承門改爲宣武門，齊化門改爲朝陽門，平則門改爲阜成門，這就是北平最外圈城垣的由來。清初因之，民國後仍舊存在。北平除外圈城垣外，內圈尚有皇城，（現在皇城已拆除了）。皇城之內，才有紫禁城，即皇宮也。俗語說：「北平有個大圈圈，大圈圈之內有個小圈圈，小圈圈之內尚有個皇圈圈」而皇圈圈就是紫禁城也。自民國成立後，開放禁宮前三殿即太和殿、中和殿、保和殿，存放清室宮外寶物設立古物陳列所。而清廢帝溥儀仍居後宮，出入悉由北邊神武門。民國十三年冬廢帝出宮，由民國政府組成清室善後委員會接收故宮，民國十七年復組成故宮博物院管理之。

紫禁宮一名紫禁城，（晉書・天文志）「紫宮垣十五星，其西番七，東蕃八，在北斗，一曰紫微，大帝之座也，天子之常居也。」亦稱宮城，是明清皇帝所居。紫禁城周圍六里，廣袤有一千六十八丈三尺二寸、南北長三百三十六丈二尺，東西長三百有二丈九尺五寸。整個城略成方形，位置居北平中心。城高三丈，堞高四尺五寸五分，下廣二丈五尺，上廣二丈一尺二寸五分。四面各有一門，南面稱午門，北面稱神武門，東面稱東華門，西面稱西華門。城牆四角矗有重樓，牆外則環有護城河。清紫禁城係沿襲明代舊城，四門惟北門清代將玄武門改稱神武門。紫城內殿闕巍峨，紅垣黃屋極堂皇富麗，其宮殿建築，大致成於明代永樂帝（成祖），他仿金陵官制，建造宮闕，氣概雄偉闊大，李闖之亂，頗遭焚毁，清人入關後修葺而居，沿襲而用。雖然一般官史私乘的記載都說清代禁宮是沿明之舊，但仔細比較，前仍有相異之處，明代宮殿極其侈華，而清代順治、康熙兩朝矯儉，僅擇明代宮殿門宇繕飾而處，不作炫耀。直到乾隆朝國家物阜民豐，四海晏然，土木丹青才窮極閎麗。嘉慶、道光朝以後，就很少興築，甚至有空閑不用的房舍，任其毀圮不修。其他不同的地方：如明代以奉天殿（明嘉靖四十一年改爲皇極殿，清曰太和殿）爲外朝，登極之典舉行於此。並以文華殿爲內朝，武英殿爲臨御地（皇帝御宮殿以聽政也），其御門即在奉天門（嘉靖四十一年也改爲皇極門，清曰太和門）。而清代則退至乾清門以外爲外朝，以乾清門以內爲內廷，遇有國家大典皇帝御太和殿，御門聽政則改在乾清門，日常召見臣工或批閱章奏，則在乾清宮或養心殿。

紫禁城內宮殿門樓亭閣，數目衆多，在明朝時有七百八十六座，到了清朝只有十分之三，約計有二百四十餘座。清朝一切大內規模，皆仍清初之舊，惟因時代久長，曾時加葺治而已，從未有展拓周垣別有興作，紫禁城內工程不論小修、大修、建造，由內務府會同工部辦理，而大內的繕完，都是由內監匠人負責；重要內容，如宮殿苑囿春季時要疏濬溝渠，夏季要支搭涼棚，秋季禁垣城牆芟除草棘，冬季要掃除積雪……這些工作由內務府移咨工部及各處隨時舉行。總管內務對於工作都有詳細立卷規定，每年紫禁城上三伏內（每年夏至第三庚爲初伏，四庚爲中伏，立秋後初庚爲終伏謂之三伏）拔草，十月內拔草。春季要淘修宮內並壽康宮，寧壽宮（乾隆帝退位後所居）以及紫禁城上的溝渠；夏季壽康宮（太皇太后、皇太后居壽康宮，太妃，太嬪隨居之處）養心殿（自雍正皇帝開始，在此處理一切政務如批章閱本、召對引見、宣諭等事）擇吉搭蓋涼棚，所需葦箔、竹杆、繩斤，照例買辦應用，俱用新料，而拆下舊料留作外項各處搭蓋罩棚遮陽之用。秋季宮內等處實施歲修工程，都需經由欽天監擇定吉期辦理。至於所用人工則規定，其禁城收什渣土，打掃地面俱用蘇拉（滿洲語即執役人，清時內廷有蘇拉隸屬太監，此外軍機處、內務府，也有至於雍和宮則稱執役之喇嘛爲蘇拉喇嘛）；但宮內遇有大項工程則傳用民匠。每年糊飾窗檽，宮內由宮內總管會同內務府大臣督率辦理，三大殿（外朝）等處及紫禁城內各門看守房屋，由工部辦理。每年立夏後紙窗內加上沙檽以防寒風，俗名替窗。冬季必須除雪，乾清門前積雪例由內管領等帶領掃除，太和門內三大殿積雪則由內務府營造司員查看，由各佐領下披甲人（士兵）掃除，午門以內各處積雪則由工部派員查看由步軍掃除。至於平時掃除地面工作；紫禁城內各處俱派正身蘇拉進內掃除，每日蘇拉二百名來擔任這項工作。檢查清潔例由值年的內務府大臣查看，並由該大臣負責。每年冬季宮內等處換舖紅白氈及擇吉換紙，撢塵或夏季壽康宮、養心殿擇吉支搭涼棚，都需要奏聞後辦理。總之清代各朝皇帝，對於宮中清潔整齊都非常注重。譬如乾隆十六年，皇帝曾下諭旨：「紫禁城內各處俱當潔淨整齊，如有應修之處亦當即行補修，豈可致令不潔不整，今朕經過地方竟有不潔不整之處。」可見乾隆皇帝非常注意宮內環保問題。清代如此偌大的紫禁城，內承修工程所需費用每年規定約用三萬兩之數。

紫禁城內一向門禁森嚴，沒有宣詔固不得入內，如有士民膽敢扭斷鎖鑰入內者，概予重處；但相傳士民欲膽大入內宮殿的，一般都穿著夫役衣服，隨執役而進，據說自明代就有開其端的。例如每歲下雪，即于京營內撥三千名入內庭掃雪，輪番出入，亦間有游手好閒的少年代充執役，以偷窺禁掖宮殿。相傳清代康熙時太傅明珠之子成容若，因他的中表親戚被選進宮闈，而無從會晤爲苦，適逢帝某后崩逝，乃扮作喇嘛僧得與其戚相窺，但終究不能通話而作罷。

清宮大內有關清除溷穢一事並沒有記載，因此未得其詳，只知現在故宮中尚存有便器而已，但知明代大內出糞則以車，宮人多用糞車，每月初四、十四、二十四日以空車擁入一換。

總之廣袤宏大的紫禁城，殿宇門樓衆多，萬窗千門，道路棋佈，爲維護其清潔，宮殿整修，所費不貲，動員人力更不在少數，做好環保工作著實不是一件容易的事。